URBAN LIVE

No. 6
Taipei

LOCAL BUSINESS & TRAVEL
MAGAZINE

CREDIT
LOCAL BUSINESS & TRAVEL MAGAZINE
No.6

Taipei

서울을 베이스로 만들어지는 도시 아카이브 매거진 <어반라이크>를 발행해 온 어반북스가 2016년 가을부터 새롭게 선보인 『어반 리브』는 각 호마다 한 도시를 선정해 도시의 삶을 경험하는 여행잡지 시리즈입니다.

어반 리브가 이야기하는 소공상인은 작지만 소신있게 자신의 사업을 이끄는 사람들을 칭하고 있습니다.

1쇄 인쇄 2020년 8월 4일
1쇄 발행 2020년 8월 12일

발행처	(주)어반북스
발행인	이윤만
기획	김태경
글과 진행	오지수, 이지현
사진	이바름
통역 및 안내	최지여
디자인	스튜디오 고민 studio gomin

CONTACT US
Add 서울시 서초구 바우뫼로 218 타임빌딩 3층
Tel 070-8639-8004 (편집, 판매, 취재, 주문, 광고 문의)
E-MAIL info@urbanbooks.co.kr
출판등록 2009.10.13
ISSN 2635-537X
ISBN 979-11-89096-16-8
ISBN 979-11-950900-3-7(세트)
값 16,000원

Published by urbanbooks
Printed in Seoul
Copyright 2020. All rights reserved.

Welcome	你好, Taipei	20
Keyword	Taipei 어반 리브가 주목한 도시, 타이베이	22
Column	About Taipei 아시아의 숨겨진 보석, 타이베이	30
Interview	Local Scene 타이베이를 바라보는 세 개의 씬	38
Brand	Philosophy 타이베이 라이프스타일 브랜드의 철학	78
Guide	Recommend 로컬의 시선으로 담은 타이베이 히든 플레이스	94
Pick	Object 타이베이를 추억하게 만드는 물건	110
Case	Local Shop 타이베이에서 발견한 로컬 비즈니스	120
	Other Shop 그 외 눈여겨봐야할 숍	174
Diary	Day & Night 에디터 2인이 타이베이에서 보낸 낮과 밤	184
Information	Map & Index	202

No. 6

你好,

LOCAL BUSINESS BY
URBANLIVE

Welcome

你好,

Taipei.

2016년 첫선을 보인 로컬 비즈니스 & 트래블 매거진 『어반 리브』는 서울을 기반으로 한, 도시 아카이브 매거진 <어반라이크>를 만드는 에디터들이 우리가 살고 있는 서울이 아닌, 다른 도시의 현재에 대한 호기심으로 시작된 작업이었습니다. 우리가 터를 잡고, 경제활동을 하며, 관계를 형성해 나가는 곳인 '도시'는 콘텐츠를 만드는 저희에겐 끊임없이 탐구해야 하는 대상이니까요.

『어반 리브』가 안내하는 여섯 번째 도시는 '타이베이'입니다. 많은 아시아의 나라들이 그러하듯이, 타이베이 역시 강대국의 영향을 받으며 혼란의 시기를 겪은 도시 중 하나였습니다. 일제의 속국이었다는 사실이나 근대화가 비슷한 시기에 이루어진 점 등 우리나라와 비슷한 역사적 배경을 갖고 있는 타이베이를 의도적으로 멀리했던 것 같습니다. 무엇보다 도시의 쾌적하고 심미적인 '도시미감'이라는 가치를 추구하는 콘텐츠 방향성과 부합되지 않을 거라고 지레짐작을 하기도 했고요. 그러나, 취재를 위해 타이베이에 다녀온 『어반 리브』 에디터들은 타이베이가 얼마나 매력적인 도시인지, 과거와 현재가 조화롭게 어우러진 도시의 이색적인 풍경이 얼마나 멋진지, 만났던 사람들이 얼마나 다정한지 그동안 과소평가 된 도시라고 입을 모읍니다. 밀레니얼 세대다운 시선으로 성 소수자의 권리가 존중되는 사회적 인식 수준이 높다는 사실 또한 흥미롭다면서요.

이번 타이베이 편에서 주목한 것은, '디자인' 감각을 가진 젊은 세대들의 비즈니스 방식이었습니다. 과거 대만의 경제를 이끌었던 것은 제조력과 생산 설비를 주력으로 한 하청 작업이었으나, 인건비가 싼 다른 도시로 공장들이 이동하게 되었고, 이 같은 위기에 대만은 새로운 경제성장 동력을 '디자인'에서 찾았습니다. 타이베이를 세계 디자인 수도로 만들기 위한 수년에 걸친 노력 끝에, 매년 3~4만 개의 스타트업과 스몰 브랜드가 설립되고 있고, 이들 중소기업의 고용률이 전체의 90% 이상을 차지하고 있다고 합니다. 위기를 기회로 삼은 그들은 이제 아시아에서 행복 지수가 가장 높은 나라 중 하나로 손꼽히고 있습니다. 첨단 기술과 유려한 볼거리가 가득한 대도시의 전형적인 모습이 아닌, 전통을 존중하는 마음과 현대적 감각이 어우러진 이들의 생활 방식을 보면서, 우리가 생각해왔던 '도시'의 정체성에 선입견을 가지고 있진 않았나 되돌아보게 되었습니다.

2020년 상반기 코로나 19사태로 인해 올봄 예정이었던 어반 리브 출간이 미뤄졌습니다. 다른 국가로의 이동이 거의 불가능한 현재 상황만 보더라도, 포스트 코로나 시대의 여행은 큰 변화가 도래할 것으로 예상됩니다. 그럼에도 불구하고, 각 도시에서의 삶의 방식에서 영감을 얻는다는 취지를 가진, 어반 리브의 도시에 대한 탐구는 계속될 것입니다. 우리가 전하고자 하는 메시지는 종국에는 자신을 돌아보고 나답게 잘 사는 기회를 제공하는 것이니까요. 그럼, 다음 도시로 찾아뵙겠습니다.

Keyword

어반 리브가 선택한 도시,
타이베이에 주목하는 이유

타이베이 Taipei, 台北

위치 동경 121°38", 북위 25°2"
면적 271.8 km²
언어 중국어(만다린), 타이완어
시간대 UTC+8
인구 264만명 (2019년 기준)
기후 온난 습윤한 아열대 기후로, 여름은 무덥고 비가 잦은 반면, 겨울은 짧고 온화하다. 사계절이 비교적 뚜렷한 편이나 눈은 내리지 않는다.
평균 기온 평균 최저기온 11°C 평균 최고 기온 29.4°C
화폐 대만 달러 TWD

대만의 수도인 타이베이는 '대만의 북쪽에 있다'는 뜻으로, 12개 구區로 이루어진 도시다. 면적은 약 271km²로, 대만의 25개 시와 현 중에서 16번째로 큰 면적을 갖고 있다. 서울의 절반에 못 미치는 작은 크기지만, 관심을 갖고 들여다 보면, 타이베이는 생각보다 역동적인 도시라는 걸 알 수 있다. 타이베이의 랜드마크는 타이베이 101타워로 불리는 타이베이 금융센터로, 두바이의 부르즈 할리파 Burj Khalifa가 건설되기 전까지는 세계 최고층 건물이라는 지위를 누렸다. 타이베이에 위치한 국립고궁박물원國立故宮博物院은 자그마치 70만여 개에 달하는 소장품을 보유하고 있어, 세계 4대 박물관 중 하나로 손꼽힌다. 대표적인 랜드마크만 보아도 그렇지만, 타이베이는 겉보다 속이 더 탄탄한 도시다. 도시의 기반이 되는 역사와 문화, 시민의식이 오랜 시간 동안 차곡차곡 쌓여온 덕분이다. 오래되고 낡은 건물에는 집을 부수거나 새로 지으면 신이 노한다는 민간 신앙의 믿음과 옛것을 소중히 여기는 마음이 깃들어 있다. 다양성을 존중하는 개방적인 태도로 인해, 새로운 문화를 받아들이는 데에 거부감이 없으면서도, 과거의 것을 보존하면서 현재가 공존할 수 있는 방향을 모색한다. 작지만 탄탄한 로컬 브랜드가 넘쳐나는 도시, 타이베이. 어반 리브는 그동안 몰랐던 타이베이의 매력을 보여주고자 한다.

Key point

타이베이 로컬 비지니스에서 발견한
키 포인트

1 다사다난한 과거를 딛고 피어난 공존의 문화

대만은 대만 해협을 사이에 두고 중국과 마주 보고 있다. 19세기 중국 남동부 푸젠성의 한족이 타이베이 분지에 정착하기 시작하면서 타이베이는 한족의 주요 거주지가 되었는데, 이러한 영향으로 중국 남부의 문화와 원주민 문화가 결합해 현재 타이베이 문화의 근간을 이루게 되었다. 그러던 중 청일전쟁에서 일본이 승리를 거두면서, 시모노세키 조약에 의해 대만은 일본의 영토로 흡수된다. 그 결과 대만의 공식 수도였던 타이베이는 일본 총독부의 구심점 역할을 하게 됐고, 50년 동안의 식민지배로 인해 일본식 제도와 문화, 건축 양식 등이 타이베이를 포함한 대만 전역에 서서히 스며들었다. 근대 일본풍으로 지어진 건물들은 지금도 타이베이 곳곳에서 발견할 수 있으며, 일부는 현대적으로 재해석해 활용하고 있기도 하다. 일제 시대에 설립된 담배 공장을 개조해 복합문화공간으로 만들어 현재 타이베이에서 가장 트렌디한 공간 중 하나로 손꼽히는 송산문창원구松山文創園區, 타이베이 최초의 극장인 시먼훙러우西門紅樓 등이 대표적인 예다. 사면이 바다인 섬나라답게, 중국과 일본뿐 아니라 서양 국가와도 교류가 활발했던 대만의 중심이 되는 타이베이는 역사적, 지리적 배경을 활용하여 다양한 문화가 공존하는 도시로 발돋움할 수 있었다.

2 개방적인 태도로 일궈낸 행복의 도시

1년 365일 중 200일은 비가 온다고 할 수 있을 정도로 비가 잦은 타이베이는 우산 없이도 비를 피할 수 있게 아케이드 형태로 지은 건물이 많다. 1층에는 대문이 없는 개방형 가게가 주를 이루는데, 이러한 건축 양식은 타이베이 사람들의 특성 중 하나라고 할 수 있는 '오픈 마인드'를 형성하는 데 큰 역할을 했다. 문이 없기 때문에 이웃 간의 관계가 더욱 친밀하게 유지될 수 있었고, 정겨우면서도 관대한 태도가 자연스럽게 타이베이 사람들을 대표하는 특징이 되었다. 미국 포브스지가 2016년에 발표한 세계 도시 인구 밀도 순위에 따르면, 타이베이가 서울 다음으로 인구 밀도가 높은 도시로 집계됐음에도 불구하고, 행복 지수는 아시아 최고 수준으로 나타났다. 허황된 욕심을 부리지 않으며, 서로를 존중하고 이해하는 면모가 드러나는 대목이다. 또한, 아시아 최초로 동성애 결혼을 합법화하고 매년 LGBT 행사를 개최하는 등 타이베이 사람들만의 관대한 태도와 높은 포용성은 복잡했던 역사적, 지리적 배경에도 불구하고 각자만의 방식과 속도로 세상을 바라보는 시선을 갖게 해주었다.

3   아침 식당과 야시장에서 발견한 독특한 외식 문화

이른 아침, 타이베이에서는 도시락 봉투를 든 사람이나 음식을 먹으며 길을 걷는 사람들을 심심찮게 발견할 수 있다. 대만 가정집에는 대개 부엌이 없고, 있어도 잘 활용하지 않는 경우가 대부분이며, 세 끼의 식사 중 아침 식사를 가장 중시하는 문화를 가지고 있다. 새벽에 문을 열어 오전 중에만 영업하는 아침 식당도 많은데, 또우장豆漿과 요우티아오油條가 아침 식당의 주 메뉴라고 할 수 있다. 일종의 두유인 또우장은 콩의 건더기는 버리고 남은 콩물에 설탕을 넣어 달콤하게 만든 것으로, 아침에 가볍게 먹기 좋다. 여기에 곁들이는 것이 바로 요우티아오. 기다랗게 튀겨내 다소 기름지지만, 또우장에 적셔 먹으면 그 맛의 조화가 훌륭하다. 비단 아침 식사뿐만 아니라 점심과 저녁까지, 타이베이 사람들에게 외식은 당연하고 자연스러운 문화다. 타이베이를 대표하는 또 하나의 식문화는 보통 오후 5~6시에 개장해 새벽 1시가 넘어 문을 닫는 야시장에서의 식사다. 일본식 꼬치, 벨기에식 와플, 한국식 떡볶이와 같은 글로벌한 메뉴부터 굴전, 지파이, 피시볼 튀김 등 지극히 대만스러운 간식까지. 저렴한 가격에 다양한 음식을 즐길 수 있어 마치 코스 요리를 맛보는 듯한 즐거움을 선사한다. 100년이 넘는 역사를 자랑하는 타이베이 대표 야시장 스린 야시장Shilin Night Market을 비롯해 타이베이 101타워 근처에 위치해 접근성이 좋은 린장제 야시장Linjiang St. Night Market 등 야시장마다 규모나 특색 또한 제각각이다. 어반 리브 6호의 인터뷰이인 MENS 30'S LIFE의 에디Eddie와 주주Juju 또한 타이베이에서 꼭 경험해봐야 할 것으로 아침 식당과 야시장 방문을 꼽았을 정도. 이렇듯 타이베이만의 독특한 외식 문화는 세계 각지의 여행객들을 불러모으는 일등 공신 역할을 톡톡히 해내고 있다.

4   개성 있는 서점과 도서관에 드러난 남다른 책 사랑

세계 각국에서 서점의 위기를 논하는 요즘, 타이베이에서는 그러한 시각이 무색할 정도로 책에 대한 관심이 높고, 서점에 가는 것이 일상의 한 장면으로 자리하고 있다. 대만은 인구 대비 신간 도서 출간 비율이 영국에 이어 세계 두 번째로 높은 나라다. 인구 1만 명당 서점 수 또한 한국의 3배에 달한다. 타이베이를 대표하는 대형 서점인 청핀서점誠品書店은 '좋은 책은 외롭지 않다'는 모토 아래 만들어졌는데, 특히 본점의 경우 연중무휴로 24시간 운영하며 타이베이의 새로운 독서 문화를 만들어왔다. 단순히 책을 판매하는 곳을 넘어 생활용품점, 패션 잡화점, 레스토랑 등을 겸해 문화를 창조하는 공간으로 자리매김한 것이다. 타

이베이의 책 사랑은 청핀서점과 같은 대형 서점 외에 제각기 다른 개성을 가진 독립서점과 도서관이 많다는 것만 봐도 알 수 있다. 아트 북 셀렉트 숍이자 복합문화공간 폰 딩pon ding, 디자인 전문 도서관 낫 저스트 라이브러리Not Just Library, 잡지 전문 도서관 미스티 북스토어Misty Bookstore 등이 그 예다. 타이베이 국제도서전과 타이베이 아트 북 페어를 통해 세계 각지의 작가, 출판인, 독자들과도 지속적인 교류를 이어나가고 있다. 이렇듯 타이베이 사람들과 책, 그리고 독서는 그들의 삶과 밀접한 관계를 맺고 있다.

5   새로운 성장 동력으로 떠오른 디자인 산업

과거 대만의 경제를 이끌었던 것은 제조력과 생산 설비를 기반으로 한 하청 사업이었다. 그러나 중국과 베트남 같은 신흥 시장으로 공장이 잇따라 넘어가면서, 새로운 경제성장 동력의 필요성을 절감했던 대만은 그 돌파구로 디자인을 택했다. 제조 기술보다는 디자인에서의 경쟁력을 키우는 것이 더욱더 효과적이라는 생각에서였다. 이에 정부는 아시아 최초로 디자인 전문 박물관을 설립하고, 대만 디자인 센터를 열어 국내는 물론 국외로 이어지는 디자인 네트워크를 형성하는 등 타이베이를 세계 디자인 수도로 만들기 위해 적극적인 노력을 기울였다. 그 결과 세계 3대 디자인 어워드 중 하나인 독일의 iF 디자인 어워드에서 102개의 상을 휩쓸어 종합성적 3위를 거두는 등 괄목할만한 성장을 이뤄냈다. 타이베이가 디자인 도시로서 성장할 수 있었던 이유는 다양성과 유연성을 갖춘 중소기업들이 대만 경제의 기반을 이루고 있기 때문이다. 실제로 대만에서는 매년 3~4만 개의 스타트업과 스몰 브랜드가 설립되고 있고, 이들 중소기업의 고용률이 전체의 90% 이상을 차지하고 있다. 참신한 디자인 상품을 실험 및 개발할 수 있는 안정적인 환경이 마련되어 있는 것. 덕분에 타이베이를 거닐다 보면 구석구석 자리한 남다른 감각의 스몰 브랜드 숍과 상품을 만날 수 있다. 3대를 이은 오랜 역사의 비누 브랜드 다춘 숍Da Chun's Soap과 대만산 동백 오일을 기반으로 한 코스메틱 브랜드 차쯔탕Cha Tzu Tang의 독보적인 패키지 디자인, 'Designed by Taiwan'만을 취급하는 수비니어 숍 라이 하오LAI HAO의 상품들이 그 대표적인 예다. 이와 더불어, 이번 취재를 위해 만난 O.OO 디자인 스튜디오와 같이 자신만의 개성이 돋보이는 디자인 스튜디오의 활약을 눈여겨 볼 필요가 있다.

느림의 미학을 만끽하는 사람들

타이베이 사람들은 느긋하다. 비가 와도 잘 뛰지 않고, 무엇을 하든 서두르는 법이 없다. 덥고 습한 기후에 중화권 국가 사람들의 성격을 대변하는 만만디慢慢的 문화가 기저에 깔려서이다. 만만디는 '천천히, 느리게'라는 뜻으로, 조급해하기보다 여유를 가져야 함을 뜻한다. 이러한 특성은 타이베이를 대표하는 브랜드로 자리 잡은 툴스 투 리브바이 TOOLS to LIVEBY와 울프티 Wolf Tea의 사례에서 알 수 있다. 세계의 유명 문구 제품을 수입해 판매하는 것으로 시작해, 현재는 자체 제작한 오리지널 라인을 세계에 수출하고 있는 문구 브랜드 툴스 투 리브바이의 대표 카렌 Karen은 타이베이 사람들이 여전히 문구를 찾는 이유는 느림의 미학을 알기 때문이라고 말한다. 컴퓨터처럼 빠르지는 않지만, 천천히 과제를 완성해 나가는 과정에서 재미를 느낄 수 있다는 것이다. 싱글 오리진 티만을 선보이는 차 브랜드 울프티의 대표 아웬 Arwen 역시 세계의 다른 도시에 비해 상대적으로 느리게 흘러가는 점을 타이베이의 매력으로 꼽았다. 공원이 많고 산과 바다 등의 자연과도 가까이 닿아 있어 여유를 만끽할 수 있다는 것. 그렇기에 차를 우려내는 동안의 기다림, 한 모금 한 모금 천천히 음미하며 자신을 돌아보는 시간의 중요함을 깨달을 수 있었던 것이 아닐까. 타이베이에서만큼은 모든 것을 잠시 내려놓고, 느리게 흘러가는 시간 속에 몸을 맡겨 보기를 권한다. 여유를 아는 타이베이 사람들 속에서라면 충분히 가능하다.

About

Column

Taipei

WORD FABIO ÁLVAREZ @DIRECTOR OF RIVER TAIPEI

Taipei the Asian Hidden Gem

타이베이,
아시아의 숨겨진 보석

런던 기반의 디자인 스튜디오 스튜디오 무소 Studio Museo의 대표이자, 타이베이의 최신 트렌드만을 전달하는 디자인 잡지 리버 매거진 River Magazine의 편집장 파비오 알바레즈 Fabio Álvarez가 이방인과 현지인의 시선 모두가 녹아든 타이베이의 트렌드와 앞으로의 전망에 대해 전해왔다.

홍콩에서 1시간 반, 서울에서 2시간 20분, 도쿄에서 3시간만 가면 아시아에서 가장 흥미로운 나라 중 하나를 찾을 수 있다. 약 2,400만 명의 인구가 살고 있는 대만은, 일단 제대로 탐험하기만 한다면 잊을 수 없는 여행지가 될 것이다. 대만은 휴양을 목적으로 하는 동남아시아의 다른 도시처럼 해변과 수상 스포츠 또는 저렴한 음료 등을 내세우지 않는다. 대신 지난 몇 년 동안 디자인 빌딩, 거대한 박물관, 그리고 높은 수준의 레저 활동을 경험할 수 있는 현대 도시로 변화해 오면서, 절의 전통적인 풍경, 활기찬 야시장, 그리고 지우펀Jiufen과 같은 오래된 지역들과 조화를 이루는 모습을 보여주고 있다. 현대와 전통의 완벽한 조합으로, 전형적인 아시아 도시의 클리셰를 상상하는 방문객들의 허를 찌른다. 대만의 수도인 타이베이에는 거대한 타이베이 101 타워, 중정기념관, 용산사, 화려한 네온 불빛과 사람들로 가득 찬 도쿄의 시부야와 비슷한 시먼딩Ximending 지역과 같은 랜드마크와 유명 지역이 있다. 또한, 아주 저렴한 가격에 대만 현지 음식을 고를 수 있는 스린Shilin, 라오허Raohe와 같은 야시장도 있다. 하지만 얼마간 이곳의 삶을 즐기고 나면, 현지인들로부터 타이베이의 진짜 모습을 담고 있는 잘 알려지지 않은 장소와 사람들의 이야기를 접할 수 있다. 바로 이 때, 타이베이의 진정한 모습을 만나볼 수 있다.

Just one hour and a half from Hong Kong, two hour twenty minutes from Seoul and three hours from Tokyo, we find one of the most interesting countries to visit in Asia in recent years. An island with a population of almost 24 million and a big list of attractions to discover, that once you explore properly you will always remember in the back of your head. Although other holiday destinations in the South Asia like Thailand or The Philippines, Taiwan is not oriented to beach resorts, water sports or cheap drink tourism, instead they have build through the years a very solid selection of modern cities with metropolitan areas, high design buildings, huge museums and high standard leisure activities that merges and match perfectly with the traditional landscape of temples, the many vibrant night markets and the old ancient towns like Jiufen. A perfect combination of modern and traditional at its best, that surprises every new visitor who arrived from overseas, thinking to find a more poor and typical Asian cliché city with nothing more than cheap food and dirty streets. Taipei has the highlights that everyone knows when landing to the capital, including the huge Taipei 101 observatory building with a big shopping area all around, the Chiang Kai Shek memorial, the Ximending area similar to Shibuya in Tokyo, with so many neon lights and always full of people, and the famous temples such as Mengjia Longshan, Ciyou or Xingtian. Also a super popular attraction is the night markets where you can find a selection of Taiwanese local food for a very cheap price. Some of the famous are Shilin, Shida, Raohe, Tonghua and Huaxi St. But after you live here for a while, you will quickly start to hear from locals and friends of not-so-known places that hold what really Taipei is about. Here is when things get interesting.

1　크리에이티브 파크의 등장
　　Creative Parks

　　타이베이는 화산 1914 창의문화원구나 송산문창원구와 같이 버려진 산업지대를 이용해 도시재생 사업을 벌였다. 이렇게 뒤바뀐 공간은 디자인숍, 전시관, 독립영화관, 극장, 팝업 행사, 거리공연 등을 제공한다. 한국을 포함한, 여러 나라들의 복합문화공간이 그러하듯, 다양한 레스토랑과 카페는 물론 문화 공간, 행사, 개성 있는 숍들로 이루어져 있어 편리하면서도 트렌디한 경험을 동시에 즐길 수 있다.

　　Taipei knows how to reinvent itself and with abandoned industrial areas as it was for the 1914 Huashan winery or Songshan cultural and creative park, they have managed to rearrange the whole space and offer a nice selection of design shops, exhibition halls, Independent cinemas, theater productions, pop up events and street performances.

2　나만의 레스토랑과 카페를 찾아서
　　Restaurants and Cafes

　　타이베이의 외식 산업은 치열하다. 매주 새로운 식당과 카페가 문을 열지만, 어떤 가게들은 문을 닫는다. 모든 것이 새롭게 업데이트되고 있어, 지금 유행하고 있는 카페를 추천하는 일은 무의미하다. 누군가 이 책을 읽고 있는 동안 아마도 새로운 공간이 그 자리를 차지했을 테니까 말이다. 하지만 당신이 좋은 디자인에 훌륭한 음식을 선보이는 공간을 포기할 수 없다면, 몇 년 동안 굳건히 자리를 지켜온 곳을 추천하고 싶다. 로우 Raw와 아이스 몬스터 Ice Monster, 그리고 리빙 그린 Living Green이 그곳이다.

　　The food industry in Taipei is fierce and new restaurants and cafes open on a weekly basis while others close out of business. This has led to a completely new scenario for the consumers that have to keep updated with everything coming new and fresh and try every week the last bubble milk tea or the ultimate pudding cafe. For that reason we wouldn't recommend you here any cafe that is on trend right now, otherwise for the time you are reading this probably something new has taken the position. But there are three that have maintained there through the years and are essentials if you like design and good food. Raw, Ice Monster and Living Green.

3　언더그라운드 클럽을 발견하기
　　Underground Clubbing

　　단 몇 년 만에 타이베이의 언더그라운드 클럽 씬이 급격하게 바뀌었는데, 당시 유일한 클럽이었던 코너 Korner가 문을 닫으면서, B1 클럽이 새로 문을 열 때까지 한동안 클럽 씬은 잠잠했다. 독특한 계단 입구가 있는 B1은 타이베이에서 독특한 콘셉트를 가진 하우스와 테크노 파티가 있는 필수 클럽 중 하나가 되었다. 최근 900명을 수용할 수 있는 2층 공간과 특별한 파티가 열리는 거대한 LED 스크린(시네마 스크린보다 더 크다. 농담이 아니다)을 열었다. 오픈한지 이제 겨우 1년이 되었지만 히든 플로어 Hidden Floor, 고스트 클럽 Ghost Club, PABP, 레소넌트 Resonant와 같은 곳들이 생겨나고, 이들과 연대를 이루면서 타이베이의 클럽 씬은 다시 활기를 찾았다.

The scene for underground music has radically changed in Taipei in just a few years, with the permanent close of Korner, the only club at the time to go out, the scene was quiet for a while, until new club B1 opened. Located in a hidden area with a unique entrance of stairs, B1 has become one of the must-go clubs in Taipei with regular international bookings and unique House and Techno parties. They recently opened a second-floor space with capacity for 900 people and a huge LED screen (bigger than a cinema screen, no joking) where special parties are held (Recent anniversary of Tresor Berlin, Paula Temple, etc celebrated in there) B1 has been open for just one year but already gained a good crowd of people who enjoy their regular parties (Hidden Floor, Ghost Club, PABP, Resonant) until early in the morning.

4   현지인들과의 술 한 잔
     Having a drink while meeting the locals

현지인들을 만나 함께 멋진 바에서 술 한 잔을 하는 것은 현지 문화에 대해 더 많이 알고 지금 이 도시에서 유행하고 있는 것을 발견하는 완벽한 경험 중 하나이다. 최근 타이베이에서 더블체크 Double Check라는 비밀스러운 바를 발견했다. 이곳은 타이베이에서만 경험할 수 있는 특별한 경험과 프리미엄 칵테일을 제공한다. 집안의 거실에서 영감을 받은 인테리어로, 입구에서 신발을 벗는 것이 콘셉트다(맞다. 거기 있는 모든 사람들은 맨발이다). 그리고 다크한 분위기의 테크노나 실험적인 음악을 들으며 소파나 테이블에서 자유롭게 술을 마실 수 있다. 대만에서 진정한 아시아 바를 경험할 수 있는 장소로 추천한다.

As in many other places in Asia, going out to a bar, having a drink and meeting local people is one of the perfect experiences to know more about the local culture and discover what is on trend in the city right now. We recently found a secret bar in Taipei called Double check. A premium cocktail bar and a unique experience to try while in Taipei. With an interior set up inspired by a living room inside a home, you will be asked to leave your shoes at the entry (Yes! Everybody is bare food there) and invited to have a drink in some of their sofas and tables when listening to dark techno or experimental music. Super recommended place to start the night, meet local people and experience a real Asian bar in Taiwan.

5   '진짜' 물건을 사다
Shop the real thing

많은 사람들이 인쇄 시대는 이미 끝났다고 생각하지만, 여전히 물성을 가진 책, 질 좋은 잡지, 인쇄된 편지지의 힘과 낭만을 아는 이들이 있다. 만약 당신이 미술과 디자인 책을 모으는 것을 좋아하는 사람이라면, 다양한 종류의 희귀하고 독립적이지만 유명한 출판물이 가득한 장소를 눈 여겨 봐야 할 것이다. 폰 딩 pon ding 은 타이베이 메인역 근처 작은 골목에 숨겨진 3층짜리 서점 겸 카페 겸 갤러리 공간이다. 그곳에서는 전세계의 책, 잡지, 독립출판물, 옷, 액세서리, 심지어는 예술 작품 컬렉션까지 발견할 수 있다. 정기적인 전시, 워크숍 등을 개최하며 타이베이 디자인과 예술의 중심지 역할을 한다.

While many people think the printed era has already finished, there is a big audience that still knows the power and romanticism of physical books, quality magazines, and printed stationery. If you are the kind of person that loves to collect art and design books we bring you today what it might be a perfect place to find all kinds of rare, independent, but also well-known publications in Taipei. Pon Ding is a three-floor (plus a rooftop terrace) book store, cafe bar and gallery space hidden in a little alley near Taipei main station. There you will discover a huge collection of books, magazines, independent publications, clothes, accessories, limited prints, and even sculptures and art pieces from all around the world. The space acts as a design and art hub with regular exhibitions, workshops, and other activities, a must to know place if you are into design.

결론적으로, 현재 타이베이는 주요한 변화의 시기를 겪고 있다. 특히 '디자인'적인 측면에 있어서, 눈에 띄는 성장을 이뤘다. 그것의 좋은 예는 템드 폭스 Tamed Fox, 아루추 Aruchuu 또는 카페인 CAFEIN과 같은 카페 공간이다. 완벽한 색채와 구성을 갖춘 그들의 정체성을 보여주기 때문이다. 폰 딩과 같은 상점들, 허스 Houth와 같은 그래픽 디자인 스튜디오와 텅 유 Teng Yu 와 같은 독립 일러스트레이터들은 대만의 디자인 씬을 활성화하는데 기여했다. 이렇듯, 트렌드와 디자인 면에서 중국의 활자 체계가 양식화되고, 영어 이름의 사용이 일반화되고 있는 타이베이는 앞으로가 더욱 기대되는 도시다.

In conclusion, we have seen Taipei go through a period of major changes in design. A good example of that is the minimalist branding of new cafes like Tamed Fox, Aruchuu or Cafein! Working in their identities in a very European clean style with nice typographies and a perfect selection of colors and composition. Shops like Pon Ding, graphic design studios like Houth and independent illustrator such as Teng Yu have contributed in the Taiwanese new era of fine design re-building the scene and inspiring new talents to continue with this line. Taipei has a very promising future in terms of trends and design with a more Japanese style approach where chinese typographies become more stylized, the use of english names become more common and the graphics take more risk in order to get a unique and individual identity in the international industry.

ABOUT 리버 타이베이 River Taipei
리버 매거진은 꼭 가봐야 할 장소의 안내서, 영향력 있는 사람들과의 인터뷰, 레스토랑과 카페의 리뷰, 제품 관련 기사들을 포함해 현재 타이베이의 트렌드를 포착하는 잡지다.
More INFO www.rivertaipei.com @rivertaipei

Local

Interview

Scene

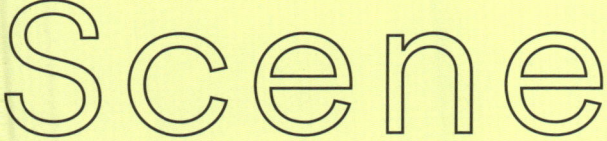

EDITOR OH JISOO, LEE JIHYEON
PHOTOGRAPHER LEE BAREUM

Local
Scene

타이베이를 바라보는 세 개의 씬,
다섯 인물과 나눈 이야기

손으로 직접 글을 쓰고 무언가를 만드는 일의 보람을 깨닫게 해주는 문구, 매일의 온도와 햇빛, 우려낸 횟수와 시간에 따라 다른 맛을 느낄 수 있는 차, 무수히 많은 변수 속에서 즐거움을 발견하는 리소그라프 인쇄까지, 모두 기다림을 감수해야만 비로소 얻을 수 있는 가치를 지니고 있다. 그리고 이 가치들은 쉽게 바래지 않는다. 모든 것이 빠르게 변화하는 시대. 유행을 앞서는 것만이 시장을 주도하는 방법이라고 생각하는 이들에게, 타이베이에서 만난 로컬 브랜드 오너들은 자신만의 속도를 유지하면서도 시장의 흐름을 만들어나갈 수 있음을 보여준다.

1   STATIONERY TOOLS to LIVEBY

Interview : Local Scene

KAREN YANG
@TOOLS to LIVEBY

카렌 양
@툴스 투 리브바이

EDITOR OH JISOO PHOTOGRAPHER LEE BAREUM

보통의 물건에서 찾은 아름다움

문구류에 관심이 있는 편이라면 툴스 투 리브바이 TOOLS to LIVE-BY(이하 TTLB) 라는 이름을 한 번쯤은 들어봤을 것이다. 문구 강국 중 하나로 꼽히는 대만에서도 TTLB는 점차 사그라지고 있던 문구에 대한 관심과 수요를 다시금 불러일으킨 주역으로 알려져 있다. 시작은 세계 각국의 문구 제품을 큐레이션 해 소개하는 것이었지만, 현재는 자체 제작한 오리지널 컬렉션을 전 세계에 수출하는 브랜드로 성장했다. 대만이나 아시아 시장에 국한하지 않고 세계를 상대로 해야 한다는 대표 카렌 Karen의 철학이 정통한 것. 한적한 골목길, 이물감 없이 자연스러운 멋을 품고 있는 TTLB의 타이베이 스토어에서 로컬과 글로벌의 경계를 허물고 대만을 대표하는 브랜드로 주목받는 TTLB의 이야기를 들어봤다.

U　　　　　한국의 독자들에게 인사 부탁드릴게요.
Karen　　　TTLB는 대만의 문구 브랜드로, 미적으로 아름답고 기능적으로도 훌륭한 문구와 생활용품을 세계 각지에서 큐레이션 해 선보입니다. 클립과 가위, 만년필을 포함한 오리지널 컬렉션도 제작하고 있어요. 현재 타이베이와 가오슝에 오프라인 매장을 두고 있고, 국제 배송이 가능한 온라인 상점도 운영하고 있죠. 저는 구매와 판매를 포함한 전반적인 브랜드 관리를 도맡아 하고 있어요. 공동 창업자인 마르코Marco는 제품, 포장, 소셜 미디어 관리에 이르기까지 브랜드의 모든 시각적인 요소를 담당합니다.

U　　　　　공간이 참 독특해요. 친구의 차고를 빌려 가게를 연 것이라고요.
Karen　　　어렸을 때부터 문구를 수집하는 게 취미였어요. 여행을 갈 때마다 그 나라의 문구점을 방문해 독특하고 기능적인 도구들을 사 오곤 했죠. 그런데 당시 타이베이에는 세계 각국의 다양한 문구류를 만나볼 수 있는 편집숍이 거의 없었어요. 그래서 친구의 차고를 빌려 그동안 수집해온 문구들을 사람들에게 보여주고 판매하기 시작했죠. 우연한 기회로 시작한 일이었는데, 지금의 TTLB로까지 이어지게 되었어요. 특히 빈티지를 좋아해서 제품이나 패키지를 디자인할 때도 빈티지 감성을 녹여 넣곤 하는데, 이 공간과도 매우 잘 어울린다고 생각해요. 19세기 활판 인쇄기를 포함한 앤틱 시계와 카메라 등의 소품을 이용해 빈티지스러움을 극대화했어요.

U　　　　　막스Mark's, 코코이나Coccoina, 필드 노트Field Notes 등 다양한 브랜드의 제품을 취급해요. TTLB만의 셀렉 기준이 있나요?
Karen　　　브랜드 설립 때부터 고수해온 세 가지 기준이 있어요. 우선 문구는 도구이므로 사용하기가 쉬워야 해요. 그다음, 고전적이며 역사가 있는 브랜드여야 하죠. 50년 이상 일관되게 생산된 브랜드의 경우 늘 재미있는 이야기를 품고 있어요. 그 점이 제품을 더욱 매력적으로 만들죠. 마지막으로 디자인이 아름다워야 해요. 깔끔하면서도 우아하고, 완벽한 비율을 지니고 있어야 하고요. TTLB의 모든 제품에는 이와 같은 기준이 적용된답니다.

U　　　　　현재는 자체적으로 제작하는 오리지널 컬렉션이 더욱 유명해요. 그중에서도 '클립'이 시그니처 상품인 것으로 알고 있어요.
Karen　　　정리하는 것을 좋아해요. 클립은 어지러운 종이와 문서를 정리하는 데 아주 유용하죠. 오랫동안 빈티지 클립을 수집해오기도 했고요. 특별한 계기가 있었던 것은 아니지만, 클립이 TTLB의 첫 번째 오리지널 상품이 된 것은 자연스러운 일이었다고 생각해요.

U　　　　새롭게 제작해보고 싶은 TTLB만의 시그니처 상품이 있다면요?
Karen　　이 점에 대해 늘 고민하고 있어요. 아직 어떤 것이라고 꼭 집어 말할 수는 없지만, 올해에는 많은 신상품이 출시될 예정이에요. 그중 하나는 잉크인데, 그동안 새로운 재료인 유리를 이용해 다양한 실험을 진행해 왔어요. 그 결과로, 아주 독특한 디자인의 잉크 유리병을 제작했다고 감히 말하고 싶어요. 많은 기대와 관심 부탁드려요! (웃음)

U　　　　2주마다 회의를 한다고 들었어요. 회의에서는 주로 어떤 이야기가 오고 가나요?
Karen　　각자 맡은 일의 진행 과정을 업데이트하고 정보를 공유해요. 그보다 중요한 건 새로운 아이디어를 제시하는 시간이죠. 각자 좋아하는 것에 대해 토론을 하기도 하고, 대화를 토대로 새로운 상품에 대한 기초를 마련하기도 합니다.

U　　　　새로운 아이디어에 대한 영감은 어디서 얻나요?
Karen　　대체로 집에서 할 수 있는 일들을 즐기는 편이에요. 그림을 그리거나 자수를 놓는 일이요. 학창 시절부터 좋아했던 도예는 최근에 다시 빠졌어요. 종종 친구들을 불러 거실에서 우리만의 작은 워크숍을 열곤 하는데, 생활 공간에서의 여가가 주는 안락함이 제 영감의 원천이라고 할 수 있어요. 빈티지를 좋아하는 만큼 오래된 물건에서 영감을 얻기도 해요. 하지만 영감을 얻기 위해 너무 열심히 노력할 필요는 없다고 생각해요. 일상 생활에서 축적되는 것들이 기반이 되어줄 테니까요. 너무 새로운 것을 만들려고 애쓸 필요도 없어요. 아직 만들어지지 않은 제품과 디자인이 분명히 있겠지만 지금까지 만들어진 물건 중 일부를 현대적으로 재해석하는 것도 충분히 흥미로운 일이죠.

U　　　　제품을 만들 때 가장 중점적으로 고려하는 것은 무엇인가요?
Karen　　사용하지 않을 거라면, 만들지도 않겠다는 것이 제 신념이에요. 우선 내가 쓰고 싶은 물건이어야 한다고 생각해요. 제가 먼저 고객이 되어보는 거죠. 책상 위에 올려놓았을 때 행복을 가져다주는 무언가를 만들고 싶어요. 제품 자체에 대한 고려사항이라면 내구성을 중시해요. 미적으로나 기능적으로 매우 중요한 부분이라고 생각하거든요.

U　　　　　대만의 문구는 전 세계적인 사랑을 받고 있어요. 대만 문구만의 매력은 무엇인가요?
Karen　　지금보다 훨씬 이전의 대만은 문구의 왕국이라 할 수 있었어요. 시간이 지나고 문구류에 대한 수요가 줄어듦에 따라 많은 공장이 사라졌지만, 다행히도 해외 브랜드의 러브콜을 받는 몇몇 우수한 공장들이 남아있어요. 타이베이에는 TTLB가 설립됨과 동시에 독립적인 문구 브랜드가 여러 곳 등장하기 시작했는데, 개성 있는 브랜드의 독자적인 아이디어가 오랜 역사를 지닌 공장의 성숙한 기술과 결합해 다양한 디자인에 고품질인 제품들이 많이 탄생할 수 있었어요. 이러한 이유에서 많은 사람이 대만의 문구를 찾는 게 아닐까 싶어요.

U　　　　　그중에서도 TTLB의 제품이 특히 인기를 끄는 이유는 무엇이라고 생각하나요?
Karen　　인스타그램의 역할이 컸다고 생각해요. 인스타그램을 통해 같은 관심사를 가지고 있는 친구들을 사귈 수 있었고, 따라서 문구류에 관심 있는 사람들이 TTLB의 상품을 발견하는 것은 그리 어려운 일이 아니었을 거예요. 디자인의 측면에서 바라보자면, 공동 창립자인 마르코는 이렇게 말했죠. '디자인 자체가 곧 언어'라고요. 디자인이 좋으면 말이 통하지 않아도 경계를 넘나들 수 있어요. TTLB는 디자인을 통해 세계인과 소통하고 있는 것이라고 생각해요.

U　　　　　도쿄에서 팝업스토어를 연 적이 있어요. 혹시 다음으로 염두에 둔 도시가 있나요?
Karen　　어디든 환영이에요. 서울은 물론, 파리와 런던에서도 팝업 스토어를 열고 싶어요. 아이슬란드와 인도, 러시아 같은 나라도 매우 흥미롭죠. 때로는 물건이 사람보다 더 많은 곳을 여행하는 것 같아요. 직접 가보지는 못하더라도, 우리의 제품을 통해 더 많은 나라와 도시를 여행할 수 있기를 바라요.

U　　　　　유니클로 Uniqlo, 일러스트레이터 노리타케 Noritake 등 다양한 브랜드, 인물과 협업해왔어요. 가장 기억에 남는 협업을 꼽는다면요?
Karen　　나이키 Nike와 협업했던 것이 가장 기억에 남아요. TTLB의 타이베이 매장 전체가 나이키의 빈티지 매장으로 변했죠. 모든 공간이 한정판 운동화와 옷으로 채워졌는데, 이곳이 문구점이라고는 전혀 상상할 수 없는 모습이었어요. 그동안 만났던 손님들과는 전혀 다른 손님들이 나타났죠. 바로 다음 날, 마치 아무 일도 없었던 것처럼 작은 문구점으로 다시 돌아왔는데 그 점이 참 재미있었어요.

U　　　　　협업 파트너를 선정하는 특별한 기준이 있나요?
Karen　　특별한 기준은 없어요. 흥미로운 아이디어라면 뭐든지 좋아요. 협업을 진행하면서 서로에게서 불꽃이 튀는 경험을 하고, 접점을 찾으며 배워 나가는 것이 가장 중요하다고 생각해요.

TTLB의 오리지널 컬렉션인 가위와 클립

Interview : Local Scene

©TOOLS to LIVEBY

U   브랜드를 운영하며, 가장 기억에 남는 경험이 있나요?

Karen   브랜드를 시작하고 3개월 만에 모노클 매거진 Monocle Magazine과 인터뷰한 경험이 가장 기억에 남아요. 그리고 얼마 지나지 않아 메종&오브제 Maison&Objet 박람회에 초대되어 파리에서 TTLB의 제품을 소개할 수 있었어요. 브랜드 운영에 대한 지식이 전무했던 터라 수입과 수출을 포함해 하나부터 열까지 새로 시작해야 했던 처음을 생각하면 결코 상상조차 할 수 없었던 일이죠. 심지어 엑셀 사용법 같은 기본적인 문서 업무조차 몰랐으니, 지금 돌이켜봐도 꿈만 같아요.

U   많은 것들이 디지털화됨에도 불구하고, 사람들은 여전히 문구를 찾고 있어요. 그 이유는 무엇이라고 생각하나요?

Karen   느림의 미학이라고 할까요. 컴퓨터로 글을 쓰는 것은 분명 편리해요. 그렇지만 연필로 글을 쓸 때의 질감은 컴퓨터가 절대 제공할 수 없죠. 기계가 아닌 문구를 이용해 글을 쓰거나 종이를 자르는 등 직접 무언가를 하는 행위에는 감정이 들어가요. 그 감정은 결과물에도 그대로 녹아들죠. 연필심을 진하게 눌러쓴다거나, 종이가 삐뚤삐뚤하게 잘리는 것처럼요. 컴퓨터로 글을 쓸 때는 그저 타자를 치는 행위 이외에는 새로울 것이 없죠. 문구를 사용할 때는 연필, 샤프펜슬, 볼펜, 만년필 등 다양한 옵션이 있고 사용자가 원하는 수준의 부드러움과 경도를 직접 선택할 수 있어요. 문구는 느리지만, 그것을 알아가는 재미를 주는 것 같아요.

U   향후 문구 시장은 어떻게 변화하리라 생각하나요?

Karen   첨단 도구들이 우리 삶에 점차 더 큰 부분을 차지함에 따라, 문구 또한 그것에 맞게 변화하리라 생각해요. 디지털 기술을 접목할 수도 있겠죠. 그러나 분명한 건, 문구는 점점 더 세련되고 개인화될 것이라는 점이에요. 저는 매일의 기분이나 옷에 따라 어울리는 문구를 바꿔 사용해요. 여름에는 밝은 색상의 펜을 사용하지만, 겨울에는 검은색과 같이 어두운 색상의 필기구를 사용하죠. 이런 사람들의 모든 요구를 충족시키기 위해 더욱 다양하고 섬세한 스타일의 문구를 만들고 싶어요.

U   앞으로의 목표가 궁금해요.

Karen   문구는 매우 일상적인 도구예요. 학교와 직장에서 매일 8시간 이상을 함께 하죠. 우리의 생각과 아이디어를 글과 그림으로 재탄생 시켜주기도 해요. 의류나 가구 등 라이프스타일 전반으로 미학에 대한 사회적 기준이 높아져 가는데, 문구에도 그런 중요성을 두어야 한다고 생각해요. 미국의 가구 디자이너인 찰스 임스 Charles Eames가 그런 말을 했어요. 'Uncommon Beauty in Common Things'. 일상의 물건에서 특별한 아름다움을 찾도록 도와주는 것. 바로 그것이 우리의 목표예요. 겉보기에는 아주 작고 별것 아닌 물건일지라도 이런 물건들을 통해 사람들이 책상 위의 풍경을 바꿀 수 있었으면 좋겠어요.

TOOLS to LIVEBY
SINCE 2016

TAIPEI STORE
Add No.15, Lane 72, Leli Road, Da'an District, Taipei City
Tel +886 2 2739 1080
Open 화-토 12:00-21:00, 일 12:00-19:00
Day OFF 월요일
More INFO toolstoliveby.com.tw @toolstoliveby

2   TEA
WOLF TEA

ARWEN & DAVID
@WOLF TEA

아웬 & 데이비드
@울프티

EDITOR LEE JIHYEON PHOTOGRAPHER LEE BAREUM

세상에 단 한 잔뿐인 차

민생사구Mingshen Community, 民生社區라는 이름으로 불리는 송산 지역은 느림의 미학이 있는 동네다. 주택가 사이로 디자이너의 스튜디오와 카페가 자리 잡았고, 한 블록마다 만날 수 있는 작은 공원에서는 사람들이 여유롭게 산책하는 모습을 쉽게 마주할 수 있다. 편안하고 따뜻한 향 내음이 나는 쪽으로 발걸음을 옮기면 일상의 아름다움을 만드는 타이베이의 티 브랜드, 울프티Wolf Tea의 갤러리 공간에 다다른다. 울프티의 공동 창립자 아웬Arwen과 데이비드David가 내어주는 차 한 잔과 함께 공간을 천천히 둘러보았다. 불필요한 요소가 없는 다기, 차가 우려지는 시간을 재는 모래시계, 그리고 바람에 자연스럽게 흔들리는 천까지. 모든 것이 급변하는 시대에 울프티에서의 시간은 느리게 흘러간다.

U   울프티라는 브랜드 네임의 의미가 궁금해요. 로고에 늑대가 들어가 있는 이유는 무엇인가요?

Arwen   울프티를 중국어로 표기하면 랑차琅茶가 돼요. 우리의 랑차는 제 아버지의 이름 중 한 글자인 랑에서 따왔어요. 차를 좋아하는 아버지로부터 이 브랜드가 시작된 것이기 때문에 지어진 이름이죠. 한편 랑차의 '랑'이라는 한자는 늑대를 뜻하는 '랑'과 모양은 다르지만 발음이 같아요. 그래서 로고에도 귀여운 늑대 얼굴이 들어가 있어요.

U   연인인 두 사람이 함께 차 브랜드를 운영하고 있어요.

Arwen   티 마스터였던 아버지의 영향이 컸어요. 저는 타이베이 중부 아래쪽 아리산阿里山이라는 지역에서 자랐는데 자연 속에서 차와 늘 가까이 살았죠. 그러던 중 성인이 되고 대학교를 타이베이로 오게 되었는데, 도시의 친구들에게는 차를 끓여서 마시는 문화가 없는 거예요. 테이크 아웃 전문점에서 파는 우롱차나 버블티를 마시는 게 대부분이었어요. '차를 내려 마시는 좋은 문화를 널리 알릴 수 없을까?' 라는 생각으로 브랜드를 시작하게 되었죠.

David   반면 타이베이에서 나고 자란 저는 차에 익숙하지 않았어요. 아웬과는 같은 소프트웨어회사에서 만났는데, 아웬이 아리산 본가에 저를 데려가서 차를 내려 마시는 문화를 처음 알게 해주었어요. 잊을 수 없는 경험이자, 차에 대한 첫 번째 기억이라고 할 수 있죠. 시중에서 흔히 만날 수 있는 설탕이나 인조적인 맛이 첨가된 차가 아니라 차 본연의 맛을 느낀 셈이에요. 그 후 함께 브랜드를 운영한 지는 8년이 되었는데 디자인은 아웬이 총괄하고, 마케팅이나 경영에 관한 부분은 제가 맡고 있어요. 저는 현실적이고 아웬은 이상적인 편이라 이야기를 주고받다 보면 자주 싸우기는 하지만, 마음에 오래 담아 두지 않고 바로 '같이 밥 먹으러 가자!' 하고 쉽게 풀리는 편이에요. (웃음)

U   요즘 젊은 사람들처럼 차 문화에 익숙하지 않은 이들에게 알려주고 싶은 차의 매력은 무엇인가요?

Arwen   차를 우려내고 기다리는 과정이 힘들다고 생각하는 사람이 많아요. 어렵지 않게 차에 다가갈 수 있도록 설명을 많이 해주려고 노력해요. 차에 어울리는 음식이나 디저트를 소개해주기도 하고, 차 우릴 때의 적당한 온도에 대해서 말해주기도 하죠. 차 문화를 가진 나라는 많지만, 대만의 차 문화는 좀 더 편안한 분위기라고 생각해요. 엄중하고 조용할 필요도 없고, 화려한 것만도 아니죠. 예의를 갖추지 않고도, 친구들과 편하게 대화를 나누며 마실 수 있는 것이 바로 대만의 차에요.

U   울프티가 차 문화를 널리 알리는 과정에서 많은 일이 있었을 것 같아요. 그 중 기억에 남는 일이 있나요?

David   전시회를 열기도 하고 마켓에 참가하기도 했어요. 도에가와의 협업으로 티 웨어를 만들거나 다른 브랜드 또는 숍과 전시를 하고 시음해볼 수 있는 팝업 스토어를 열기도 해요. 편하게 마실 수 있다 보니 차에 어울리는 공간이 생각보다 많아요. 커피가 머리를 깨우는 느낌이라면, 차는 마음을 진정시키는 역할을 하죠. 사람에 따라 다르지만 커피는 맥시멈 양이 정해져 있는 반면, 차는 여러 잔을 마셔도 편안해요. 커피에 다양한 종류가 있듯 차의 관념도 비슷하다고 볼 수 있어요. 마시는 방법이나 종류가 다양하고, 품질에 따라 맛과 향이 다르죠. 한번은 타이중의 커피 스탑 오버 Coffee Stop Over라는 원두 전문 커피숍과 차와 커피를 혼합한 메뉴를 만드는 협업을 한 적이 있어요. 입안에 오래 남는 커피와 목 안 깊숙한 곳까지 맴돌 수 있는 차의 만남이었죠.

U   이야기를 들을수록 차에 대한 흥미가 생겨요. 차를 조금 더 섬세하게 즐기는 법에 대해 자세히 이야기 해 줄 수 있을까요?

Arwen   차를 더 잘 느끼고 싶다면, 찻잎을 여러 번 우려 마시는 걸 추천하고 싶어요. 와인 같은 경우도 흔들어서 향을 맡고, 깊은 맛을 느끼곤 하잖아요. 그런 방면에서 차도 처음에는 찻잎의 향을 맡고, 그 다음 차를 우려냈을 때의 향을 맡고, 차를 마신 후 빈 잔의 향을 맡아볼 수 있어요. 모든 단계의 향이 다르다는 것을 알아채면 진정한 차 전문가라고 할 수 있죠. (웃음)

U   울프티가 추구하는 '싱글 오리진 티 Single Origin Tea'란 무엇인가요?

David   울프티에서 판매하는 모든 차는 단일 품종 생산 차예요. 같은 지역에서 난다 해도 모든 차의 맛이 달라요. 오늘 따서 말린 찻잎과 며칠 뒤 딴 찻잎의 향과 맛이 다르고, 해발고도 1,400m와 해발고도 700m의 찻잎도 맛이 다르죠. 4월에 딴 찻잎과 11월에 딴 찻잎의 맛에도 차이가 있어요. 이런 미세한 차이를 구별해 시즌마다 새로운 차를 선보이는 것이 우리의 일이죠.

U   같은 맛이 나는 차가 없다니, 한정판이나 다름없네요.

Arwen   모든 상품 패키지에 고유의 숫자로 싱글 오리진 티라는 사실을 기록해요. 2019년 겨울에 나는 차는 97번, 다른 날에 수확한 차는 109번, 이런 식이죠. 이 제품이 팔리면 세상에 이 맛과 같은 차는 없는 거예요. 차를 수확하는 일은 제 본가인 아리산 지역에서 하고 있어요. 좋은 차를 수확하는 곳을 찾아가기도 하고요. 아버지를 주축으로 한 전문가들이 차를 수확하면, 우리는 계절마다 차를 골라 알리고 있어요.

U   차 문화를 알리는 일은 이 도시를 사랑하지 않으면 할 수 없는 일이라고 생각돼요. 두 사람이 바라보는 타이베이는 어떤 도시인가요?

Arwen   타이베이에서 한 시간 정도 벗어나면 아름다운 자연 풍경을 만날 수 있어요. 멀지 않은 곳에 산과 바다가 있다는 건 큰 장점이죠. 세계의 다른 도시와 비교했을 때 상대적으로 느린 모습이 타이베이의 매력이라고 생각해요. 어떻게 보면 천천히 차를 내려 마시는 것과도 비슷하죠. 타이베이에는 많은 공원이 있는데 지역 사람들은 공원에서 여가 시간을 즐기고는 해요. 주말에 공원으로 피크닉을 가거나 조깅을 하기도 하고요. 타이베이에 방문하는 사람에게 공원에서 시간을 보내보는 것을 추천하고 싶어요. 여유로운 시민들을 보며 이 도시만의 편안한 분위기를 만끽할 수 있을 거예요.

U   그래서 그런지 송산 지역은 특유의 여유로움이 돋보이는 동네라는 생각을 했어요. 울프티 매장 두 곳 모두 이곳에 자리 잡고 있는데, 특별한 이유가 있을까요?

David   이 지역만의 평화로움을 좋아해요. 공원과 카페, 나무도 많고 산책하기에도 좋고요. 다양한 인재들이 점점 모여 들고 있어서 앞으로의 지역 발전이 더 기대되는 동네에요. 차를 추천하고 싶어하는 건 두 곳 모두 같지만, 울프티 본점의 경우는 찻잎 위주로 판매하고 울프티 갤러리에서는 티 웨어를 전시하거나 판매하고 있어요.

U   울프티를 찾아오는 고객은 보통 어떤 분들인가요?

David   차를 처음 접하는 사람부터, 차에 대해 잘 아는 사람까지 다양한 고객이 울프티를 찾아요. 기본적으로 대화를 나누며 직접 마실 차인지, 선물할 차인지, 어떤 상황에서 마실 수 있는 차를 원하는지에 대해 알아가려 해요. 차는 워낙 종류가 많고 사람마다 취향이 다르기 때문에 먼저 추천하기보다는 최대한 손님이 무엇을 좋아하는지 찾아갈 수 있도록 도와주는 역할을 하려고 하죠.

Arwen   찾아오는 손님들에게 감동 받을 때도 많아요. 어떤 손님은 원래 차에 대해 문외한이었는데 울프티 덕분에 일상생활 속에 차가 스며 들었다며 감사함을 전하시더라고요. 또 나이가 지긋한 어떤 손님은 대만의 차는 몸에 흐르는 피와 같다고 말씀하시고요. (웃음) 그런 이야기를 들을 때마다 더 열심히 해야겠다는 생각이 들어요.

U   차를 잘 알리기 위해 나아가고자 하는 방향이 있나요?

David   이제까지 그랬듯 사람들과 차에 대한 이야기를 꾸준히 해 나갈 거예요. 지금은 찻잎 판매를 주로 하고 있지만, 앞으로는 차와 티 웨어를 함께 판매해보고 싶어요. 차를 내리는 도구까지 함께 묶어 사람들이 더 쉽게 차를 즐길 수 있도록 도와주는 것이죠. 또 해외에서도 대만의 차를 소개하고 싶다는 마음이 있어요.

U　　　　울프티의 비즈니스 철학은 차를 일상으로 스며들게 하는 것에 집중되어 있군요.
Arwen　　단순히 차를 마시는 것이 아니라, 차를 우리고 마시며 더 넓은 시야와 마음을 가질 수 있게끔 만드는 게 우리의 목표예요. 우리의 차는 이 시즌, 이 시간에만 나오는 것이기 때문에 순간에 집중하는 것이 필요해요. 그렇기에 차를 내리는 과정과 차를 즐기는 시간이 중요하다는 걸 울프티를 통해 알게 되었으면 좋겠어요. 모든 것이 차가 일상과 가까워지는 과정이죠.

WOLF TEA
SINCE 2013

WOLF TEA SHOP
Add No.23, Alley 8, Lane 36, Section 5, Minsheng East Road, Songshan District, Taipei City
Tel +886 970 844 235
Open 13:00-19:00
Day OFF 무휴
More INFO wolftea.com @wolftea_select

WOLF TEA GALLERY
Add No.8, Alley 6, Lane 97, Section 4, Minsheng East Road, Songshan District, Taipei City
Tel +886 970 844 235
Open 금~일 13:00-19:00
Day OFF 월-목
More INFO wolftea.com @wolftea_select

³ DESIGN
O.OO RISOGRAPH
& DESIGN ROOM

PIP LU & FORTY LIU
@O.OO RISOGRAPH & DESIGN ROOM

핍 루 & 포티 리우
@오오오 리소그라프 & 디자인 룸

EDITOR OH JISOO PHOTOGRAPHER LEE BAREUM

오피스를 벗어난 실험 정신

오오오 리소그라프 & 디자인 룸 (이하 O.OO)의 작업실이 위치한 동네는 소위 말하는 '힙'함과는 거리가 멀다. 감각적인 숍 대신 학교와 관공서, 작은 주택들이 옹기종기 모여 있다. 그러다 O.OO의 작업실 안으로 들어서면 마치 이상한 나라의 앨리스가 된 듯 얼떨떨해진다. 강렬한 오렌지 컬러의 프린터에는 한 쌍의 눈이 달려 있고, 리소프린터로 인쇄한 형형색색의 작업물들이 벽면을 가득 메우고 있다. O.OO가 주로 활용하는 리소그라프 Risograph 인쇄 기법은 결과물을 예측할 수 없다는 점에서 묘한 매력을 갖고 있다. 'Out of office'라는 의미를 지닌 O.OO의 이름처럼, 실험적인 시도를 두려워하지 않는 그들이 언젠가 상상치도 못한 곳에서 상상치도 못한 일로 족적을 남길지도 모르는 일이다. 인쇄를 하다 엉뚱한 곳에 잉크가 튀기는 것처럼 말이다.

U　　　　만나서 반가워요. O.OO에 대한 소개 부탁드릴게요.

Pip　　　O.OO는 저와 포티, 두 명의 디자이너로 이루어진 타이베이 기반의 디자인 스튜디오입니다. 리소그라프 인쇄 기법을 비롯해 다양한 방식의 디자인을 제안하고 있어요. 여러 브랜드, 아티스트와 작업을 하고 있고, 개인 작업도 꾸준히 하고 있어요.

Forty　　핍과는 대학교에서 만났어요. 저는 설치 미술, 핍은 3D 애니메이션을 전공했는데, 전공이 다름에도 호흡이 잘 맞았죠. 졸업 후 리소그라프에 관심이 생겨 재미 삼아 시작한 일인데 햇수로 벌써 7년째가 되었네요.

U　　　　스튜디오를 운영하며 구분되는 각자의 역할은 무엇인가요? 일과 관련된 부분도 좋고, 성격적인 부분일 수도 있고요.

Forty　　대부분의 측면에서 함께 이야기를 나누지만, 굳이 구분하자면 저는 주로 기획과 설계를 담당하고 있어요. 프로젝트의 방향이 정해지면 핍은 그걸 토대로 실질적인 디자인 작업을 하죠. 건축에 비유를 한다면 제가 골조를 세우고 핍이 인테리어를 맡는 셈이에요.

Pip　　　의견이 안 맞으면 싸우기도 해요. (웃음) 각자가 맞다고 생각하는 방향으로 치열하게 준비를 해서 경쟁을 하는 거죠. 제가 준비한 것이 포티를 설득시킬 수 있다면 그 방향으로 가는 거예요. 최대한 논리적이고 이성적인 방법으로 누가 이기냐를 겨루죠.

U　　　　리소그라프 인쇄 기법을 이용한 작업물이 많아요. 리소그라프가 낯선 분들을 위해, 간단히 소개해줄 수 있나요?

Pip　　　리소그라프란 인쇄 기법의 한 종류에요. 인쇄에 필요한 판을 제작한 다음, 판에 잉크를 발라 종이에 찍는 방식이죠. 한 판에 한 가지 색상의 잉크만을 사용할 수 있기 때문에 원하는 색을 만들기 위해서는 각각의 단색을 겹쳐 혼합하는 과정을 거쳐야 해요. 일본의 리소사에서 만든 리소프린터로부터 탄생한 방식이라 '리소'라는 단어가 붙었어요.

U 리소그라프를 재즈에 비유한 것이 인상 깊었어요. 리소그라프만의 매력은 무엇인가요?

Forty 가장 큰 매력은 컬러에요. 하나하나 다른 색이 겹쳐지며 결과물이 완성되기 때문에, 어떤 색이 나올지 예측하는 재미가 있어요. 예상치 못했던 감각적이고 오묘한 색이 나오기도 하죠. 리소그라프로 인쇄를 하게 되면 여러 변수가 생겨요. 잉크가 마르는 데 오랜 시간이 걸리기 때문에 건조 과정 중 엉뚱한 곳에 잉크가 묻을 수도 있고, 컬러를 바꿀 때마다 미세하게 판의 위치가 달라지기도 하죠. 이런 면이 재즈가 가진 즉흥성과 닮았다고 생각했어요. 재즈 뮤지션들이 즉흥 연주를 하며 놀듯이, 우리도 이것저것 다양한 색을 만들어보고 위치도 다르게 겹쳐보는 등 실험을 해요. 저희만의 놀이 방식인 셈이에요.

Pip 리소그라프는 다른 인쇄 기법에 비해 해상도가 떨어지는 편이에요. 그래서 리소그라프로 인쇄한 결과물은 다소 흐릿하게 보이는데, 이것이 리소그라프 특유의 분위기를 만드는 요소로 작용하기도 해요. 일부러 노이즈 효과를 입히는 것과 같은 이유랄까요.

U 처음 리소그라프를 접하게 된 계기가 궁금해지네요.

Pip 대학교 재학 시절에 저희끼리 만들었던 룰이 있어요. '무조건 일 년에 한 번은 해외로 나가서 영감을 받고 오자.' 우물 안 개구리가 되고 싶지는 않았거든요. 그렇게 포티와 함께 세계 이곳저곳을 다니기 시작했어요. 그런데 한 번 여행을 다녀오고 나면 캐리어가 각종 인쇄물로 가득한 거예요. 미술관이나 박물관에서 얻어온 팸플릿, 길거리에서 주운 포스터나 전단 같은 것들이었죠. 그렇게 하나 둘 모으다 보니 인쇄물에 대한 관심이 생겼어요. 종이의 질감부터 판형, 글씨체 하나까지 미묘하게 다 다른 매력을 가지고 있더라고요.

Forty 리소그라프를 알게 된 건 4년 전, 홍콩을 다녀오고 나서였죠. 홍콩에서 챙겨온 엽서 디자인이 인상적이어서 살펴보다 뒷면을 봤는데 리소그라프라는 단어가 적혀 있었어요. 대만에서는 본 적도, 들은 적도 없는 단어였죠. 그때 구글에 리소그라프를 검색해보고, '나도 이런 걸 해봐야겠다' 싶더라고요.

U 리소그라프 인쇄 과정을 담은 책 <NO MAGIC IN RISO>를 출간하기도 했죠. 사람들에게 리소그라프를 알리는 데 많은 시간과 노력을 들이는 것 같아요.

Pip <NO MAGIC IN RISO>는 많은 사람이 리소그라프의 매력에 대해 알았으면 하는 바람에서 제작하게 됐어요. 물론 리소그라프 인쇄로 만든 결과물도 아주 멋지지만, 리소그라프의 진정한 매력은 과정에 있다고 생각했기 때문에 제작 과정을 상세하게 담아낸 책을 만들었죠. 어떤 색을 덧입히느냐에 따라 이미지가 어떻게 달라지는지 순차적으로 보여주는 책이에요. 일반인들에게는 리소그라프에 대한 관심을 유도하고, 디자이너 혹은 일러스트레이터와 같이 관련 분야에 있는 사람들에게는 리소그라프 인쇄 원리에 대한 설명을 제공하고 싶었어요. 그렇지만 이 책에 담은 내용이 절대적인 것은 아니에요. 리소그라프는 모두에게 열려 있고, 각자 어떤 방법으로 결과물을 만들어낼지는 다 다르니까요.

No. 6 Taipei

U   인쇄물뿐만 아니라 'The Chairs'라는 뮤지션의 앨범 디자인 작업에도 리소그라프를 활용했죠.

Forty   대부분의 사람이 리소그라프가 다소 번거로워서, 소량으로만 제작할 수 있을 거라고 생각해요. 그렇지만 이번 앨범 아트웍 작업을 통해, 리소그라프도 산업적인 방법으로 제작할 수 있다는 것을 보여주었다고 생각해요. 리소그라프는 종이뿐만 아니라 다양한 재료에 활용될 수 있어요. 이번 작업을 통해 그것이 가능하다는 걸 발견했고, 리소그라프의 성장 가능성에 대해 점쳐볼 수 있었죠. 앨범의 디자인 제작 과정 전체가 우리에게 깊은 인상을 남겼어요.

Pip   앨범의 타이틀곡은 <LOVELY SUNDAY>인데, 'SUNDAY'는 일요일이라는 뜻이지만 발음만 들으면 '선데'라는 디저트의 한 종류처럼 들리기도 해요. 그래서 달콤하면서도 사랑스러운 느낌을 표현하고 싶었죠. 톡톡 튀는 디저트의 색감을 표현하기에 리소그라프는 아주 적절한 수단이었다고 생각해요.

U   생각했던 대로 결과물이 나와 만족스러웠을 것 같아요. 프로젝트를 잘 마감했을 때 스스로에게 주는 보상이 있다면 무엇인가요?

Pip   온라인 쇼핑을 해요. 일할 때 스트레스를 많이 받는 타입인데, 그럴 때면 마음에 드는 옷을 우선 장바구니에 담아두죠. '나는 그 옷을 사야만 해!'라는 마음가짐을 가지고 있으면 일을 열심히 하게 되더라고요. 그리고 프로젝트가 마무리되면 바로 결제를 해요. 스트레스를 관리하는 일종의 건강 관리 습관이라고 볼 수 있죠. (웃음)

U   두 사람이 바라보는 타이베이 디자인 씬의 현재는 어떠한가요?

Pip   한국과 비교를 하자면, 전체적으로 한국의 디자인은 일관된 방향이 있는 것처럼 보여요. 반면 타이베이의 디자인은 혼재되어 있는 느낌이 강하죠. 아마 막 발전하기 시작했기 때문일 거예요. 갓난아이에 비유할 수 있겠네요. 아기들은 이리저리 기어 다니면서 이것도 만져보고 저것도 만져보고 입에 넣어 보기도 하잖아요. 여러 가지 시도를 해보는 단계인 거죠.

U   주목하고 있는 타이베이 기반의 디자이너가 있다면요?

Pip   쵸 이Chou Yi라는 친구가 있어요. 만화, 영화, 음악에서 받은 리듬과 이미지의 영감을 일상적인 그림으로 담아내요. 일본과 프랑스, 캐나다 등 세계 각지에서 전시를 열고, 한국에서도 서울과 부산의 아트 북 페어에 참가한 적이 있어요. 요즘에는 아주 화려한 컬러를 사용하는데, 그림이 역동적이면서도 정말 멋져요.

The Chairs의 <LOVELY SUNDAY> 앨범 아트웍 »

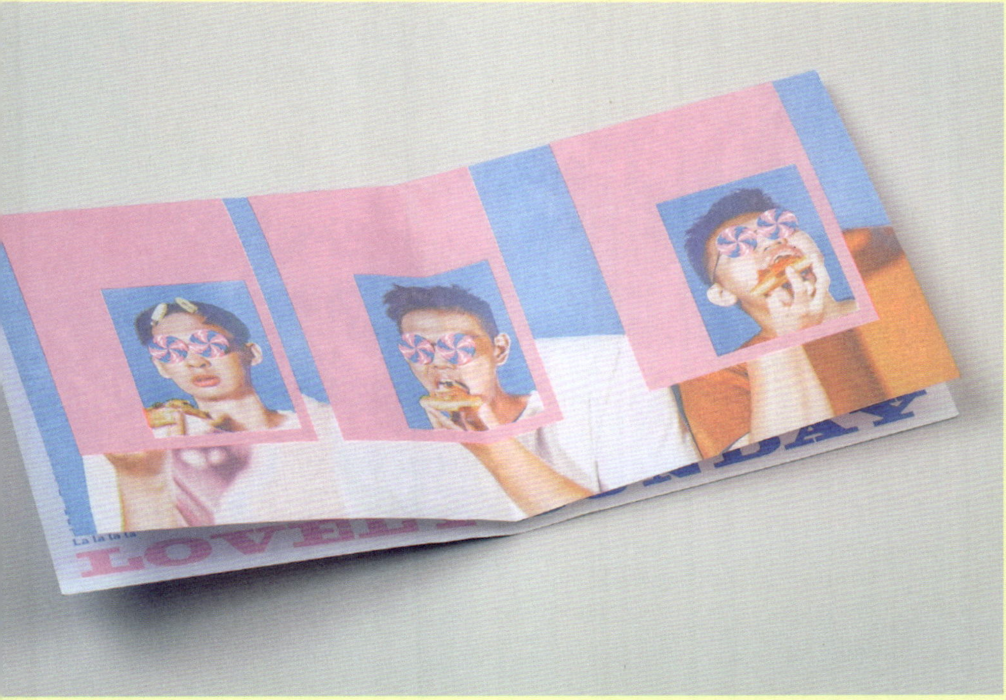
La la la la

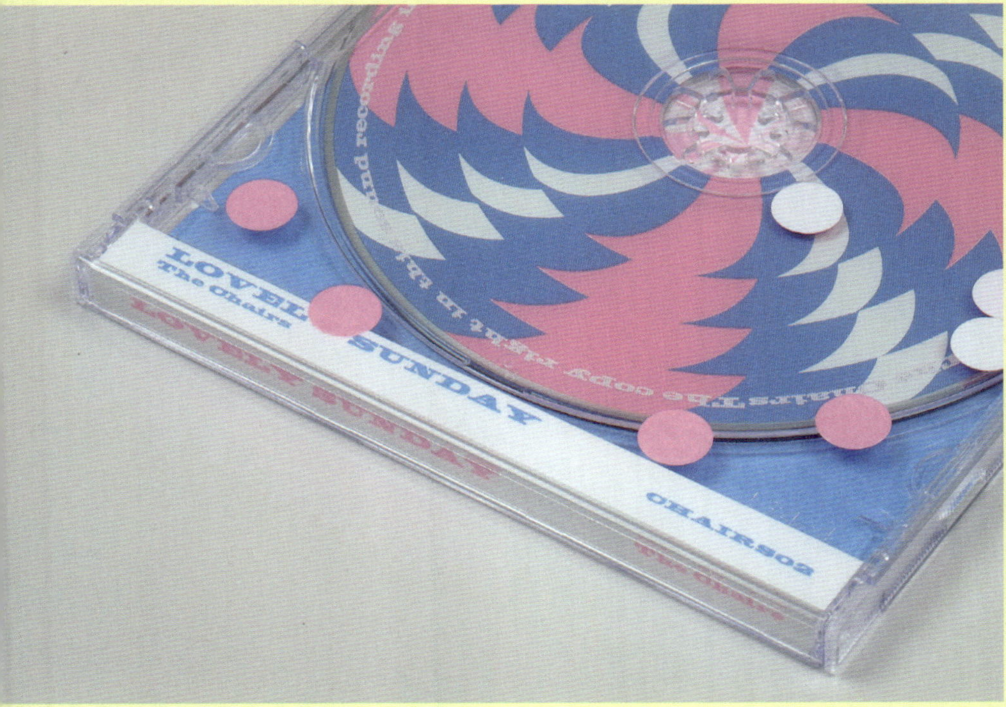
The Chairs
SUNDAY
CHAIRS02

U   0.00도 눈여겨보고 있는 아트 북 페어가 있나요?

Forty   서울의 아트 북 페어인 언리미티드 에디션 Unlimited Edition에 꼭 참가해보고 싶어요. 지난번에 한국을 방문했을 때 일정이 맞지 않아 미처 구경하지 못한 점이 참 아쉬워요. 상하이와 타이베이의 아트 북 페어는 참가해본 적이 있고, 뉴욕의 아트 북 페어도 참가해보고 싶은데, 아직까지는 출판물 자체가 많은 편은 아니라 망설이게 되는 부분도 있네요.

U   작업실에서 워크숍도 진행하는 것으로 알고 있어요. 어떤 워크숍인가요?

Pip   대단한 건 아니에요. 리소그라프 인쇄기를 이용해 엽서나 뱃지 등을 만들어보는 수업이죠. 다양한 사람들이 수업을 들으러 오는데, 개인의 개성만큼이나 다채로운 결과물이 탄생되는 걸 보는 재미가 쏠쏠해요.

Forty   수업을 진행하다 보면 감회가 새로워요. 0.00를 시작하기 전에는 그저 디자인을 좋아하는 학생에 불과했는데, 이것저것 시도하다 보니 어느새 다른 사람들에게 저희의 작업물과 이야기를 소개할 수 있는 입장이 된 거예요. 이런 점이 스튜디오를 운영하며 가장 기억에 남는 부분이에요.

U   0.00만의 철학이 있다면 무엇인가요?

Pip   일단 좋아하는 것을 다 시도해보는 것이 중요하다고 생각해요. 물론 일에서 자유로울 수는 없지만, 시간을 더 투자해서라도 여러 가지 실험적인 일들을 벌여보는 거죠. 그러다 보면 남들이 하는 방식이 아닌, 우리만의 시선이 녹아든 독창적인 결과물을 만들어낼 수 있어요. 시간이 지남에 따라 작업 스타일은 바뀔 수 있지만 결코 변하지 않을 한 가지는, 어떻게 하면 사물을 더 흥미롭게 바라보고 그것을 우리만의 방식으로 재해석할지 연구하는 것을 좋아할 거라는 사실이에요.

O.OO RISOGRAPH & DESIGNROOM
SINCE 2014

Add No.263, Wolong Road, Da'an District, Taipei City
Tel +886 2 2737 2827
Open 월-금 14:00–20:00
Day OFF 토~일
More INFO odotoo.com @odotoo_com

Philo

Brand

ophy

EDITOR OH JISOO
PHOTOGRAPHY ©VVG

VVG

일상에서 아름다움을 발견하는 법

EDITOR OH JISOO PHOTOGRAPHY ⓒVVG

타이베이의 구석구석을 걷다 보면 VVG라는 단어가 쓰인 간판을 심심찮게 볼 수 있다. 어떤 곳은 레스토랑이고, 어떤 곳은 서점이자 잡화점이며, 또 어떤 곳은 레스토랑이자 서점, 잡화점이다. 공간의 성격에 따라 다채로운 손님이 오고 가며, 그들은 음식과 책과 가구와 여러 사물에서 각자가 찾던 아름다움을 발견한다. 어찌 보면 타이베이 기반의 라이프스타일 그룹 VVG가 제공하는 경험은 그리 대단치 않다. 식사를 하며 독서를 하고, 커피를 마시며 가구를 구경하고 필요한 물건을 사는 것. 이처럼 한 공간에서 다양한 욕구를 충족할 수 있는 복합적인 성격의 숍들이 탄생하는 건 자연스러운 현상으로 자리잡았다. 그러나 타이베이 사람들의 일상을 보다 아름답게 가꾸고, 나아가서는 이곳 사람들만의 취향과 라이프스타일을 세계로 널리 알리고자 하는 VVG의 철학은 그저 트렌드에 편승하고자 하는 여타 숍들과 구분되는 지점을 갖고 있다. 많은 공간을 오픈했고, 몇몇은 꾸준히 사랑 받고 있는 반면, 몇몇은 문을 닫기도 했다. 그럼에도 VVG는 꾸준히 나아간다. 타이베이만의 고유한 색을 확립하겠다는 마음가짐으로.

VVG
레스토랑에서 시작해 서점 및 라이프스타일 숍, 부티크 호텔 등 총 여섯 개의 매장을 운영하고 있는 라이프스타일 브랜드로, 일상 곳곳에 아름다움을 녹여내고자 한다.
vvg.com.tw

KNOW ABOUT 'VVG'

줄리안 친 Julian Chin
마케팅 어시스턴트 매니저 Marketing Assistant Manager

U   VVG 그룹에 대해 소개해주세요.

Julian   VVG의 시작은 1999년, VVG Bistro라는 레스토랑 오픈 시점으로 거슬러 올라가요. 당시만 해도 다들 먹고 살기 바빴는데, 시간이 흐름에 따라 생계를 유지하는 것을 넘어서 삶의 전반을 가꾸는 것에 대한 욕구가 생겼죠. VVG Bistro가 인기를 끈 이후, 다음으로는 VVG Something이라는 서점을 오픈했어요. 이후 몇 개의 숍을 더 오픈하면서 차근차근 타이베이의 라이프스타일 브랜드로서 자리매김했죠. 물론 모든 숍이 다 성공한 것은 아니에요. 문을 닫은 곳도 있죠. 그렇지만 지금도 여전히 타이베이에 미적 감각을 불어넣기 위해 다양한 비즈니스 모델을 시도하고 있어요. 우리는 스스로를 사람들의 일상 속에 아름다움을 불어넣고 세상을 조금씩 변화시키려고 노력하는 사람들의 집단으로 정의해요.

U   라이프스타일 전반으로 사업 영역을 넓히게 된 계기가 궁금해요.

Julian   아시다시피 VVG의 기반은 레스토랑이에요. 단순히 맛만 좋아서는 손님들의 이목을 끌기가 힘들죠. 음식을 담은 식기나 테이블보까지 섬세하게 신경쓴다면 음식이 더욱 돋보이지 않겠어요? 그러한 생각에서 점차 관심사를 넓혀간 거죠. 음식은 모든 사람에게 필요한 것이잖아요. 어차피 식사를 위해 레스토랑에 가야 한다면, 그곳에서 책도 읽고 필요한 물건도 살 수 있다면 훨씬 편리하겠죠. 그렇게 복합적인 성격을 지닌 공간들이 탄생하게 된 거에요.

U   케이터링 서비스도 진행하는 것으로 알고 있어요. 샤넬Chanel, 구찌Gucci 등 명품 패션 브랜드의 러브콜을 받았다고요.

Julian   창의력이 돋보이는 케이터링 서비스를 제공하고 싶었어요. 브랜드가 원하는 것이 무엇인지 충분히 소통하고, 브랜드의 정체성과 가치관을 음식에 담으려고 노력했죠. 예를 들어 케이터링이 필요한 행사의 컨셉이 친환경이라면, 유기농 채소를 활용하는 식이죠. 브랜드의 로고나 제품의 형태를 띤 디저트를 만드는 것도 하나의 방법이 될 수 있어요. 어디에서나 볼 수 있는 음식이 아닌, 해당 브랜드에 초점을 맞춘 케이터링을 선보이는 것, 그것이 VVG의 비법이었어요.

U   VVG가 주목하는 타이베이 미식 트렌드가 있다면 무엇인가요?

Julian   대만에 가장 먼저 유럽식 식사문화를 도입한 것이 VVG라고 생각해요. 하지만 단지 좋은 문화를 들여오는 것에 그치지 않았죠. 문화는 외국의 것을 차용했지만 그것에 대만의 색을 녹여냈어요. 대만식 레시피를 활용한다거나, 대만산 식자재를 사용하는 것과 같은 방식으로요. 그런 시도는 앞으로도 계속해서 이루어질 거예요. 많은 문화가 뒤섞이고 있고, 그 안에서 새롭고 창의적인 음식들이 쏟아져 나올 거라고 생각해요. 대만은 문화적으로나 지리적으로나 만남의 지점에 서 있는데, 결국 현지의 재료에 어떤 새로운 방식을 접목할 것이냐가 관건인 것 같아요.

Brand : Philosophy

U　　각 공간의 이름에서 공간의 성격이 드러나요. 이름은 어떤 식으로 짓나요?
Julian　　VVG Bistro와 같이 직관적인 이름도 있지만, 공간이 위치한 지역, 그곳의 환경과 역사적 배경이 공간의 정체성을 정의하는 데 주요한 요소로 쓰이기도 해요. VVG Hideaway 같은 경우처럼요. 도심에서 멀리 떨어진 곳에 위치해 있어 멋진 책과 음식, 물건과 함께 은둔하고 싶어지는 공간이에요. VVG Thinking은 100년 된 공장을 개조해서 만들었죠. 현재 우리 시대 아름다움의 조건에 부합하지 않을 것 같은 건물 양식과 기계를 보면서 다르게 생각해보는 시간을 가지면 어떨까 싶었어요. 물론 이곳에도 영감을 줄 물건들과 책이 함께 하죠.

U　　VVG BB+B라는 부티크 호텔도 운영하고 있지만, 책과 음식에 집중한 공간들이 대다수에요. 두 가지에 중점을 두는 특별한 이유가 있나요?
Julian　　모든 분야에서 아름다움을 발견하는 것이 우리의 일이지만, 음식과 독서야말로 누구나 가장 쉽게 접할 수 있는 분야라고 생각해요. 음식은 가장 국제적이며 경계가 없는 언어에요. 음식의 맛과 질에서 아름다움을 찾을 수 있는 사람이라면 다른 모든 것에서도 자신만의 미의식을 발견할 수 있을 거라고 생각해요. 독서는 시공간을 가로질러 모든 형태의 아름다움에 도달할 수 있는 가장 쉬운 방법이죠. 누구나 독서를 통해 새로운 경험을 할 수 있어요. 이러한 이유로, 특히 음식과 책에 집중하고 있어요.

U　　VVG의 공간 중 가장 많은 사람이 찾는 곳은 어디인가요?
Julian　　VVG Thinking은 다양한 전시와 문화행사 덕분에 많은 사람이 방문해요. VVG Hideaway는 도심 속에서 휴식을 누리고 싶은 분들에게 최적의 장소에요. 아름다운 경관을 자랑하고, 특히 현지인들이 즐겨찾는 공간이에요.

U　　VVG의 공간들은 소위 말하는 '인스타그래머블'한 공간과는 거리가 있어요. VVG의 철학과 관계가 있나요?
Julian　　VVG 설립 당시에는 인스타그램이 없었기 때문이기도 하지만, 처음부터 VVG가 추구했던 방향은 아름다움을 단지 과시하기 위한 수단으로 사용해서는 안 된다는 것이었어요. 빈티지 가구를 예로 든다면 VVG는 그것에 담긴 이야기, 디자인의 디테일 혹은 현대적인 공간에 어우러지게끔 만드는 방법을 고안하는 것에 관심이 있는 것이지, 예쁜 가구가 있다고 보여줌으로써 사회적 지위를 과시하고자 하는 것은 아니라는 거죠. VVG가 추구하는 아름다움이란 단순히 보았을 때 예쁜 것을 넘어서 마음속까지 닿을 수 있는 깊이를 지녀야 한다고 생각해요. 그리고 그것이 내 자신에게 행복을 가져다줄 수 있어야 하죠.

U   타이베이의 라이프스타일을 주도하는 브랜드로서, 타이베이 사람들은 어떤 라이프
스타일 특성을 갖고 있다고 생각하나요?

Julian   타이베이 사람들은 편리하면서도 진입장벽이 높지 않은 즐거움을 누리는 것을 좋아해요. 일상에서 즐거움을 찾는 거죠. 타이베이 사람들은 일상적인 활동을 통해 그들 스스로 의미와 정체성을 부여해요. 따라서 VVG는 아름다움을 누릴 수 있는 다양한 방법들의 진입장벽을 낮추고 더 쉽게 참여할 수 있는 환경을 제공하고자 해요. 작은 것 하나하나 아름다울 수 있다는 것을 알게 해주고 싶어요.

U   VVG의 공간을 통해 보여주고 싶은 VVG만의 철학이 있다면 무엇인가요?

Julian   "Bring more good things into life, create beauty at every corner." 더 좋은 것들을 삶으로 끌어들이고, 구석구석 아름다움을 창조하라는 뜻이에요. 비록 VVG의 힘은 제한적일지 모르지만, 지속적인 노력을 계속한다면 언젠가는 큰 차이를 만들어낼 수 있을 거라고 생각해요. 타이베이 현지의 제품을 국제 문화와 접목해 더욱더 많은 사람들에게 타이베이의 취향과 문화에 대해 보여주고 싶어요.

U   한국의 독자들에게 타이베이에서의 할 일을 추천해준다면요?

Julian   타이베이는 미식의 도시예요. 맛있는 음식을 마음껏 즐겨보세요! 유명한 관광지 외에 타이베이 당대예술관 Museum of Contemporary Art Taipei 이나 타이베이교육대학교 National Taipei University of Education 근처의 골목길을 산책하는 것도 추천할게요. 타이베이 사람들의 실제 생활을 엿볼 수 있답니다. 마지막으로, 무엇이든 타이베이식으로 경험해보세요. 같은 재료를 사용했더라도 타이베이 만의 레시피가 녹아든 음식을 먹는다거나 하는 방식으로요. 그것이 이 도시를 제대로 느낄 수 있는 방법 중 하나라고 생각합니다.

일상의 아름다움을 발견하도록 돕는
VVG의 여섯 공간들.

1.

VVG BISTRO
VVG가 오픈한 첫 번째 공간으로, 매장 위치를 옮긴 뒤부터는 인근 직장인들을 타깃으로 한 홈메이드 스타일의 런치 세트와 애프터눈 티를 선보인다.
Add No.5, Lane 199, Liaoning Road, Zhongshan District, Taipei City
Tel +886 2 2717 2918
Open 월~토 11:30-20:00
Day OFF 일요일
More INFO vvg.com.tw

2.

VVG THINKING

타이베이의 주목받는 복합문화공간 화산 1914 창의문화원구에 위치한 레스토랑 겸 편집숍. 빈티지 가구와 소품, 아트 북을 만나볼 수 있다. 지역 예술가들의 전시회를 개최하는 등 문화행사도 활발히 열린다.

Add Red Brick Liuheyuan West 3, Huashan Cultural and Creative Park No.1, Section 1, Zhongzheng District, Taipei City
Tel +886 2 2322 5573
Open 일~목 12:00-21:00, 금~토 12:00-22:00
Day OFF 무휴
More INFO vvg.com.tw

3.

VVG TABLE

비스트로와 가스트로노미의 중간 형태인 비스트로노미 레스토랑으로, 캐주얼한 분위기에서 수준 높은 미식을 즐길 수 있다. 다채로운 창작 요리를 선보이는 곳이다.

Add No.14, Alley 40, Lane 181, Section 4, Zhongxiao East Road, Da'an District, Taipei City
Tel +886 2 2711 4723
Open 화~일 12:00-21:00
Day OFF 월요일
More INFO vvg.com.tw

4.

VVG SOMETHING

작지만 친밀한 서점. 아트 북 위주의 책을 다루며, 빈티지 제품을 함께 판매해 일상적 영감을 줄 수 있는 공간을 제공한다.

Add No.13, Alley 40, Lane 181, Section 4, Zhongxiao East Road, Da'an District, Taipei City
Tel +886 2 2773 1358
Open 화-일 12:00-21:00
Day OFF 월요일
More INFO vvg.com.tw

5.   VVG BB+B

18세기 유럽 스타일과 영국 도서관, 두 가지 콘셉트의 방으로 이루어진 부티크 호텔. 예약자만 이용할 수 있다.

Add No.20, Alley 40, Lane 181, Section 4, Zhongxiao East Road, Da'an District, Taipei City
Tel +886 2 2711 4723
More INFO vvg.com.tw

6.

VVG HIDEAWAY

도시 군중과 소음으로부터 한 발자국 멀어져 마치 산 속에 은둔해있는 듯 평화와 여유를 느낄 수 있는 공간. 수제 음식과 음료, 빈티지 상품, 나무와 햇빛으로 가득 차 있다.

Add No.136-1, Jingshan Road, Shilin District, Taipei City
Tel +886 2 2862 6488
Open 월-금 11:00-20:00, 토-일 11:00-21:00
Day OFF 무휴
More INFO vvg.com.tw

Recor

Guide

mend

EDITOR LEE JIHYEON
PHOTOGRAPHER LEE BAREUM

MENS 30'S LIFE

로컬의 시선으로 도시를 담는 사람들

EDITOR LEE JIHYEON PHOTOGRAPHER LEE BAREUM

깔끔하고 감각적인 사진 속 공간을 보자마자 든 생각은, 이곳에 가보고 싶다는 것이었다. 요즘 타이베이에서 핫한 카페부터 남다른 콘셉트를 보여주는 라이프스타일숍, 오랜 역사를 자랑하는 로컬 음식점까지. 자신들만의 기준으로 가볼 만한 공간을 셀렉해서 사진을 찍고, 일상적인 안부 글과 함께 자연스럽게 장소를 소개하는 이들이 궁금해졌다. MENS 30'S LIFE의 30대 두 남자 에디^{EDDIE}와 주주^{JUJU}는 블로거 겸 프리랜서 에디터로서 타이베이의 트렌드를 널리 알리고, 특유의 감각으로 세계 각국의 브랜드 제품을 홍보하거나 스위스, 일본, 홍콩 등 다양한 여행지를 알리는 일에도 러브콜을 받고 있다. 누구나 할 수 있는 일이라고 생각할 수도 있지만, 늘 같은 톤으로 자신들의 이야기를 해나간다는 건 꿋꿋한 신념과 고집을 갖춰야 하는 일이다. 평범한듯 평범하지 않은 30대의 일상을 공유하고 싶다는 두 사람을, 그들이 추천한 카페 사이프러스&체슈넛$^{Cypress\&Chestnut}$에서 만났다.

KNOW ABOUT
'MENS 30'S LIFE'

에디 Eddie & 주주 Juju

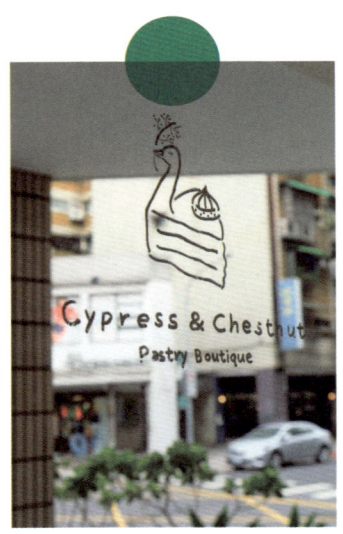

U　　　　　분위기가 아늑한 공간이네요. 우리에게 먼저 이 곳을 추천한 이유가 있나요?
Eddie　　예약제로 운영되는 카페인데, 타이베이에서 가장 좋아하는 카페 중 한 곳이에요. 내부 곳곳에 놓인 식물을 보고 있으면 작은 정원에서 티타임을 갖는 기분이 들거든요. 밤 모양의 마들렌이나 쉬폰 케이크, 말린 과일 같은 디저트도 정말 훌륭하고요.

U　　　　　인터뷰에서 얼굴은 공개하지 않고 싶다고 했어요. 특별히 얼굴을 공개하지 않는 이유가 있을까요?
Eddie　　MENS 30'S LIFE는 사진과 글을 공유하려는 목적으로 만들어진 팀이에요. 우리가 소개하는 공간이나, 추구하는 느낌에 포커스가 맞춰졌으면 좋겠다는 마음이 있었죠. 사람들이 우리의 의도에 맞게 콘텐츠를 받아들이기 위해서는 얼굴을 공개하지 않는 것이 맞다고 생각했어요.
Juju　　　4년 전 처음 블로그에 맛집이나 카페를 올리기 시작했을 때, 우리를 알아보고 특별하게 대우해주는 가게들이 많았어요. 그렇게 되니 고객 입장에서 온전히 공간을 느끼기 어렵더라고요. 우리가 말하고자 하는 것과 다르다고 생각했어요. 물론 기본적으로는 우리 개인의 프라이버시를 생각하는 것도 있고요.

U　　　　　두 사람은 어떻게 처음 만나 한 팀을 이루게 되었나요?
Eddie　　친구들이 모이는 자리에서 처음 만나게 되었어요. 둘 다 맛있는 음식을 좋아하고, 여행을 즐기고, 사진 찍는 걸 좋아하는 공통점이 있더라고요. 제가 먼저 이런 일을 함께해보지 않겠냐고 제안했어요. 함께 타이베이를 돌아다니면서 개인 페이스북 계정에 좋은 장소들을 소개했더니 친구들의 반응이 좋았어요. 먼저 어떤 공간을 추천해달라고 물어보기도 하고, 이걸 더 많은 사람과 나누고 싶어서 공식 홈페이지를 개설했죠.
Juju　　　전공이 디자인이었던 제가 사진을 찍고 있어요. 사진을 전문적으로 배운 적은 없지만, 우리가 좋아하는 느낌을 그대로 담으려고 노력해요. 원래는 각자 본업이 있어 퇴근하고 사진을 찍거나 주말에 만나 숍을 찾아다니곤 했었는데 2018년부터 일을 그만두고 본격적으로 MENS 30'S LIFE를 운영해왔죠. 처음에는 걱정이 많았는데 다행히도 여러 곳에서 협업해보자는 제안이 들어왔어요. 나름 평탄하게, 즐겁게 하고 있다고 생각해요.

U　　　　　다양한 브랜드와 진행한 협업에 대해서 소개해주세요.
Juju　　　우리의 톤 앤 무드와 맞는 브랜드의 공간을 방문해보거나, 제품을 경험하고 그것에 대한 솔직한 후기를 매거진 기고, 인터뷰와 같은 방식으로 사람들과 공유하고 있어요. 고디바 Godiva, 이솝 Aesop, 다이슨 Dyson 같은 브랜드에서 나오는 신제품 리뷰 콘텐츠를 만들거나 대만 서점의 대표라고 할 수 있는 청핀서점과 함께 포스트 카드를 제작하기도 했어요. 24시간 동안 4가지의 주제로 사진을 찍는 프로젝트도 기억에 남는 작업 중 하나죠.

Eddie   홍콩, 나고야, 세부, 오키나와 같은 도시 관광청과 작업을 하기도 했는데, 최근에는 스위스 관광청과의 협업으로 융프라우에 다녀왔어요. 우리는 여행이라는 테마를 가지고 진행하는 작업을 좋아해요. 지역을 소개하고 우리의 시선으로 여행을 추천하는 콘텐츠를 만들죠.

U   처음으로 만든 여행책의 테마가 '서울'이라는 점이 놀라웠어요. '서울의 현재'라는 주제로 서울 여행을 제안하는 책을 쓴 이유가 있을까요?
Eddie   서울은 우리가 좋아하는 도시 중 하나예요. 전통적인 모습도 아름답지만, 현대적인 아름다움도 가지고 있는 도시죠. 전통을 현대적으로 재해석하는 모습도 좋아하고요. 일 년에 한 번씩은 서울을 찾고 있어요. 불과 몇 개월 전에도 서울을 다녀왔어요. (웃음) <서울의 현재 Seoul at this time 這時首爾>라는 책은 한강을 따라 천천히 서울을 거닐며 다양한 문화가 공존하고 상상력이 가득 차 반짝이는 서울을 수집한 책이에요. 서울의 카페, 음식점, 멋진 하루를 보내기 좋은 미술관이나 서점, 라이브러리까지, 매년 서울을 찾으며 알게 된 공간을 기록했죠. 우리에게도 서울 여행을 되돌아볼 수 있었던 좋은 계기가 됐어요.
Juju   서울을 방문할 때마다 대중교통을 이용해요. 버스나 지하철을 타고 걷다 보면 우연히 좋은 곳을 발견하게 될 수도 있다는 점이 매력적이에요. 가보고 싶은 곳은 미리 SNS를 통해 찾아보기도 하지만 뜻하지 않게 좋은 장소를 만나면 더 오래 기억에 남곤 하니까요.

U   서울에 대한 애정이 느껴지는 점이 정말 흥미로워요. 두 사람의 눈으로 보는 요즘 서울의 공간 트렌드는 어떤가요?
Eddie   비교적 온난한 느낌의 타이베이에 비해 서울은 굉장히 빠른 도시에요. 정체된 느낌이 없고 방문할 때마다 새로운 공간을 만날 수 있다는 점이 놀라워요. 개인적으로는 연남동을 좋아해요. 최근 서울에 방문했을 때는 모던한 국립현대미술관과 경복궁의 기와가 자연스럽게 어우러지는 안국동도 인상 깊다고 생각했죠. 빠름 속에서도 늘 절제되고 단정한 모습을 유지하는 게 한국의 아름다움이에요. 여백과 화이트 톤의 인테리어가 돋보이는 공간이 많은 것도 요즘 서울의 트렌드가 아닐까 생각했어요.

U   그렇다면 최근 타이베이에서만 볼 수 있는 공간의 트렌드는 어떤가요?
Eddie   명확히 말로 설명하기는 어렵지만, 우리가 생각하는 타이베이만의 색감이 있어요. 오래된 간판 혹은 타일 같은. 다양한 색깔이 자연스럽게 섞인 것이 타이베이만의 색감이죠. 대만 사람들은 대만 느낌이 나는 것을 '헌 타이 HEN TAI'라고 말하는데, '정말 대만스럽다'라는 뜻이에요. 대만스러운 모습을 볼 때마다 "헌 타이!"라고 외치죠. 타이베이도 오래된 건물에 현대적인 느낌을 가미해 리노베이션한 공간이 많아요. 타이베이의 항구 근처인 다다오청 Dadaocheung 지역이 서울의 서촌이나 인사동 같은 느낌이죠.

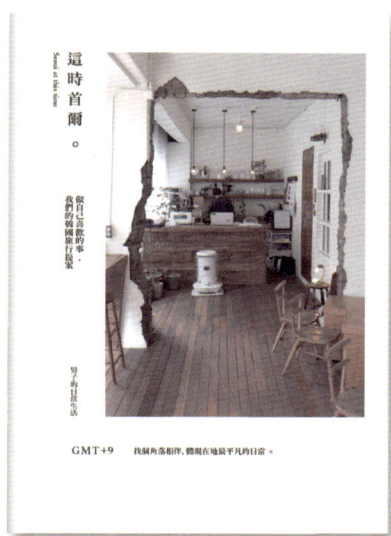

MENS 30'S LIFE의 두 사람이 펴낸
서울 가이드 북 <서울의 현재>

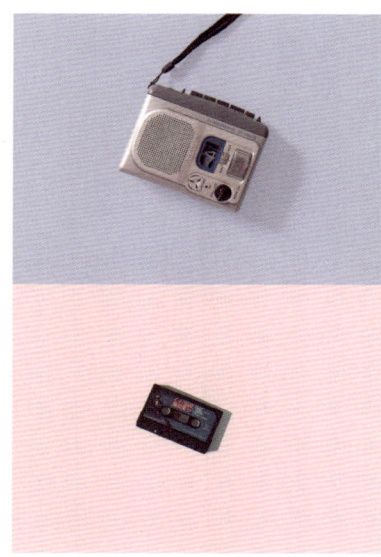

청핀서점과의 협업으로 제작한
포스트 카드

U   타이베이를 방문하는 사람들에게 이것만큼은 꼭 해봐야 한다고 추천하고 싶은 게 있나요?

Juju   야시장에 방문해보는 걸 권하고 싶어요. 타이베이에는 많은 야시장이 있는데, 시장마다 조금씩 분위기도 다르고, 먹거리 종류도 달라서 취향에 맞는 야시장을 찾아가는 재미가 있죠. 낮에는 또 다른 분위기의 활기찬 야시장에 가 본다면 진정한 타이베이의 매력을 만나게 될 거라고 확신해요.

Eddie   대만하면 빼놓을 수 없는 것이 바로 아침 식사에요. 대만은 아침 식사하는 문화가 자리 잡고 있어요. 타이베이에는 아침에 문을 여는 가게가 정말 많기 때문에 로컬 식으로 아침을 먹어본다면 잊을 수 없는 경험이 되지 않을까 싶어요.

U   그러고 보니 타이베이에서 아침 식사하는 풍경을 많이 본 것 같아요. 아침 식사가 하나의 문화로 자리 잡혀 있는 게 새로운 느낌이네요.

Eddie   밤마다 '내일 아침은 뭘 먹을까?' 하는 고민과 함께 잠들어요. (웃음) 하루 세끼 중 아침이 가장 중요하다고 생각하거든요. 하루를 든든하게 시작하는 기분이죠. 대만 지하철인 MRT역 주위에서는 간단한 아침 식사를 파는 가게를 쉽게 찾아볼 수 있어요. '딴삥'이라고 하는 전병도 아침 식사로 많이 먹는데 참치나 옥수수, 치즈, 야채 등 원하는 재료를 넣어서 간단히 먹을 수 있는 음식이에요. '요우티아오'라는 빵을 '또우장'이라는 콩물에 찍어 먹는 식사도 대중적인 아침 메뉴 중 하나죠. 가격도 저렴하고 메뉴가 다양해서 아침을 고르는 건 매번 힘든 일이에요.

Juju   대만은 외식 문화가 발달해 있어서 많은 사람들이 대부분의 식사를 밖에서 사 먹어요. 주말에는 여유롭게 일어나서 푸드 판다나 우버이츠 같은 배달 서비스를 이용하기도 하고, 브런치를 먹으러 가기도 해요. 한국을 방문했을 때는 아침에 문을 여는 식당이 많지 않아 뭘 먹어야 하나 고민을 하기도 했죠. (웃음)

U   좋은 공간을 찾아다니고 수집하는 일을 하다 보면 일상과 일이 구분되지 않아 힘든 점은 없나요?

Juju   쉴 때는 다른 방식으로 재미를 찾아요. 운동을 하기도 하고 영화를 보거나 좋아하는 뮤직비디오를 보기도 해요. 아무 생각 없이 음악을 들을 때도 있고 친구나 가족들과 만나 대화를 나누기도 하죠. 그러다 보니 자연스럽게 내게 맞는 인생의 걸음걸이를 찾은 것 같아요.

《밤과 꼭 닮은 모양의 디저트는 사이프러스&체슈넛의 시그니처 메뉴다.

U	두 사람이 현재 하는 일을 통해 내고 싶은 목소리가 있다면 무엇인가요?
Eddie	좋아하는 일을 계속해나가는 사람들이 있다는 걸 보여주고 싶어요. 좋은 공간과 물건을 알려서, 많은 사람이 함께 즐겨줬으면 좋겠어요. 우리로 인해 본인의 취향을 찾게 된다면 더욱더 좋고요.
Juju	삶을 살아간다는 건 단순히 숨을 쉬고, 일만 하며 사는 게 아니라고 생각해요. 힘든 하루 속에서라도 작은 따뜻함과 사랑을 느꼈으면 해요. 우리는 SNS에 평범한 하늘이나 길거리 사진을 올리기도 해요. 늘 주변에 있는 것이지만 바빠서 잊고 사는 모습들이요. 당장 고개만 들어도 바라볼 수 있는 하늘이 있다는 것에 모두 감사함을 느낄 수 있으면 좋겠어요.

MENS 30'S LIFE
More INFO mens30slife.com @mens_30s_life

CYPRESS & CHESTNUT

Add No.5, Lane 148, Section 2, Fuxing South Road,
Da'an District, Taipei City
Tel +886 2 2700 8937
Open 예약제 운영
Day OFF 무휴
More INFO @cypress_chestnunt

갖가지 식물들로 차분한 분위기를 자아내는 사이프러스&체슈넛

MENS 30'S LIFE가 추천하는
TAIPEI LOCAL SHOP

©MENS 30'S LIFE

1.

NANACHOUSHOKU

"무심한 빨랫줄, 문에 내려진 발, 음식을 주문 받고 건네주는 작은 창까지. 일러스트레이터 LING CAI가 운영하는 아침 식당은 대만의 로컬 문화를 즐길 수 있어요. 일상적인 풍경 속 자리 잡은 이 식당의 메뉴는 날마다 조금씩 바뀌지만 화이트 와인으로 볶은 버섯이 들어간 샌드위치나, 호박 퓌레가 들어간 샌드위치를 한 입 베어 물면 분명 하루를 좋은 기분으로 시작할 수 있을 거예요."

Add No.25, Lane 102, Section 4, Yanping North Road, Datong District, Taipei City
Tel +886 2 2717 2918
Open 월~수 8:00~14:00
Day OFF 목~일
More INFO @nanachoushoku

2.

SIU SIU 少少

숲속에 위치한 SIU SIU는 자연의 학습 영역을 실험하는 공간이에요. 타이베이의 로컬 건축 연구소인 디보오에 체인 아키텍츠가 운영을 하는데 식물학자, 기후 변화 과학자, 전통 의학 연구원 등 여러 전문가의 도움을 받아 만들어졌어요. 식물 약초 워크숍, 요가 수련 명상, 계절 음식 클래스, 기후 연구 등 자연 속에서 멋진 연구를 펼쳐나가는 곳이죠. 예전 목조 주택이었던 자리에 아치형 그물 터널을 지붕으로 써서 빛과 공기가 자연스럽게 공간을 채우는 점이 매력적인 공간이에요. 도심을 떠나 자연 속에서 오감을 느끼고 싶은 이들에게 적극 추천하고 싶어요."

Add No.152, Section 3, Zhishan Road, Shilin District, Taipei City
Tel +886 2 2883 0280
Open 예약제 운영
More INFO siusiulab.com @siusiu.lab

3.
URS 27M

"양명산 자락에 자리 잡은 카페 URS27M은 오래된 집을 개조해서 만든 공간이에요. 이 지역은 타이베이 시내에서 조금 벗어나있어 공기도 맑고 녹음이 아름다운 동네죠. 큰 창 너머로 보이는 나무는 카페와 자연스럽게 어우러져 멋스러움이 우러나요. 공간의 콘셉트에 걸맞게 환경이나 공유 플랫폼에 대한 전시, 지역의 특산물로 음식을 만들어보는 마운 틴 키친이 열리기도 한답니다. 파인애플 시럽이 올라간 케이크와 카라멜 바나나 케이크는 꼭 먹어보길 권할게요!"

Add No.27, Kaixuan Road, Shilin District, Taipei City
Tel +886 2 2717 2918
Open 목~월 11:30-17:00
Day OFF 화~수
More INFO @urs27m

4.

EVERYWHERE BURGER CLUB

"어디서나 즐길 수 있는 푸드트럭으로 시작했던 작은 가게가 이제는 타이베이에서 가장 맛있는 햄버거 가게로 불린답니다. 미국의 펍을 연상시키는 힙한 매장 내부와 조리 과정을 볼 수 있는 오픈 키친에서 음식에 대한 자신감과 열정까지 느낄 수 있죠. 채식주의자를 위한 베지테리언 버거도 있으니, 부담 없이 다양한 메뉴를 즐겨보길 바라요."

Add No.21, Lane 420, Guangfu South Road, Da'an District, Taipei City
Tel +886 2 2704 6825
Open 월~수 11:30-22:00, 금~토 11:30-22:30
Day OFF 월요일
More INFO @everywheretpc

Pick

타이베이의 컬러를 담은
아홉 개의 물건들

EDITOR OH JISOO
PHOTOGRAPHER LEE BAREUM

SOCKS 10moresocks 독창적인 디자인을 선보이는 양말 브랜드 텐모어삭스의 양말. 일본식 덮밥에서 영감을 얻어 만들어진 양말의 패턴이 인상적이다. 10moresocks.com

SOAP Da Chun's Soap 3대를 이어온 다춘 솝의 비누에는 지구를 생각하는 마음, 건강한 삶에 대한 염원이 담겨 있다. dachuns.com

TEA Wolf Tea 차 문화에 대한 새로운 접근을 보여주는 울프티의 티 세트. 원하는 맛의 차를 고르면 울프티의 마스코트인 늑대가 그려진 찻잔을 함께 제공한다. wolftea.com

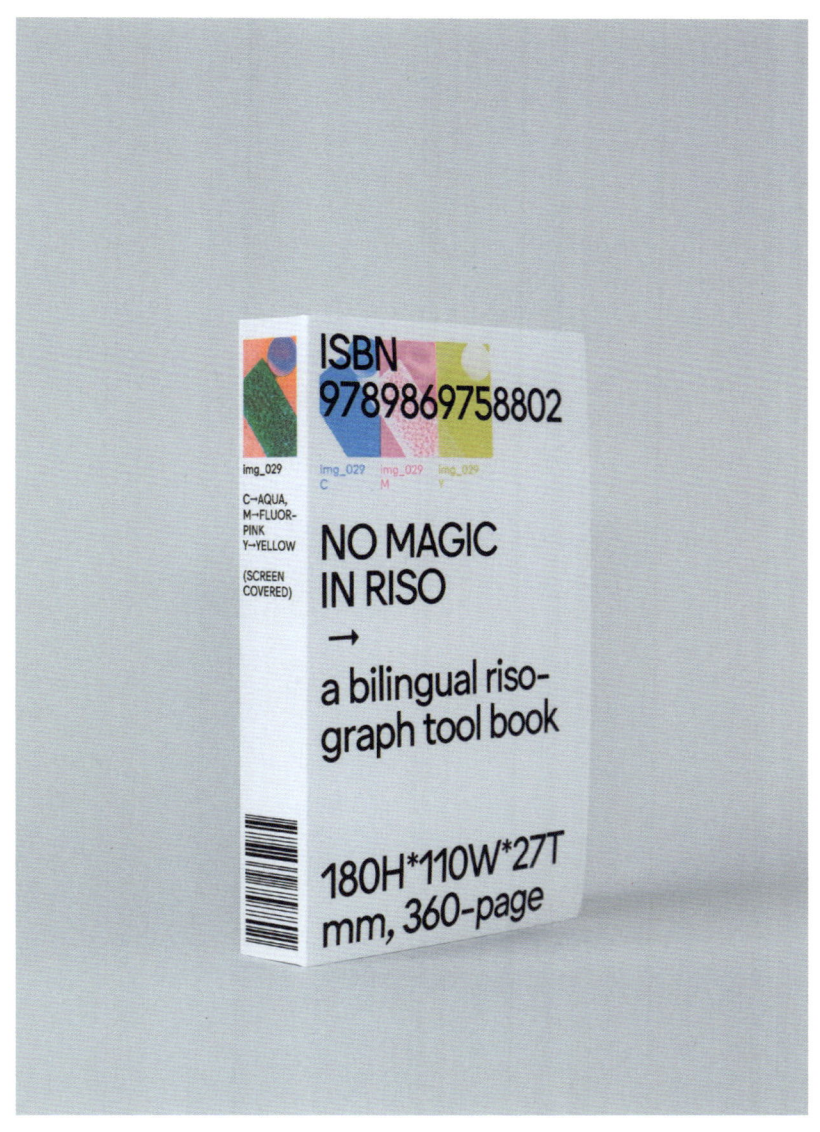

ART BOOK O.OO 디자인 스튜디오 O.OO에서 제작한 아트 북. 리소그라프 인쇄 과정을 세밀하게 담았다. odotoo.com

CLIP TOOLS to LIVEBY 문구 브랜드 툴스 투 리브바이의 시그니처 상품인 클립은 다양한 디자인과 재질, 크기로 선택의 폭이 넓다. toolstoliveby.com.tw

CALENDAR Five Metal Shop 디자인 스튜디오 파이브 메탈 샵은 매년 감각적인 디자인의 일력을 선보인다. @fivemetalshop

CRAFT BEER Taiwan Ale Brewery 대만산 쌀을 이용해 맥주를 만드는 타이완 에일 브루어리의 과일 맛 맥주. 각각 토마토, 리치, 망고 맛을 띤다. taiwanale.com.tw

UMBRELLA CAFE!N X Filip Pagowski 커피 체인점 카페인이 디자이너 필립 파고스키와 컬래버레이션 해 선보인 우산. CAFEIN.com.tw

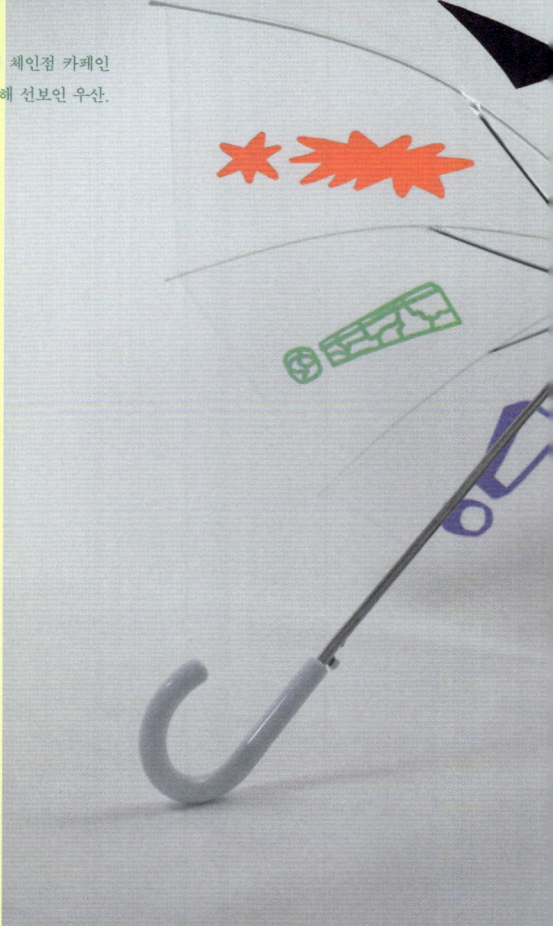

BAKERY National Park 대만의 국립공원에서 영감을 받은 내셔널 파크 베이커리의 밀크 캐러멜. 망고와 초콜릿, 두 가지 맛으로 구성되어 있다. nationalparktpe.com

Busine...
Loca...

EDITOR OH JISOO, LEE JIHYEON
PHOTOGRAPHER LEE BAREUM

1　Concept
무엇을 하는 곳인지 분명한 개념을 가졌는가?

2　Philosophy
확고한 철학이 있는가?

3　Quality
품질은 믿을만한가?

4　Identity
다른 곳과 구분되는 정체성을 지녔는가?

5　Tone&Manner
분위기, 디자인 등의 표현방식이 멋스러운가?

6　Attitude
구성원들의 태도와 서비스가 만족스러운가?

7　Popular
대중들의 인지도가 높은가?

8　Price
합리적인 비용인가?

9　Regionality
지역에 긍정적인 영향을 미치는가?

10　Pride
일에 대한 열정과 자부심이 느껴지는가?

어반 리브는 가능하면 자본의 도움을 받지 않고, 자생적으로 시작한 소공상인(작지만 소신 있게 사업을 이끄는 사람들을 칭함)을 대상으로 로컬 숍을 소개합니다.

Local
Shop

타이베이에서 발견한 로컬 비즈니스

타이베이의 골목 곳곳을 걷다 보면 절제된 아름다움이 돋보이는 소박한 숍들은 물론, 저마다의 색채를 드러내는 강렬한 개성의 숍들도 어렵지 않게 만나볼 수 있다. 다양한 맛과 멋이 공존하는 타이베이의 로컬 숍이 궁금하다면, 『어반 리브』가 10가지 기준을 토대로 선정한 9개의 로컬 숍의 문을 두드려 볼 차례다.

1 ART
PON DING

폰 딩

CONCEPT · PHILOSOPHY · IDENTITY · PRIDE · REGIONALITY

타이베이의 대표 카페 거리로 불리는 중산 지역에 위치한 폰 딩은 잡지 편집자로 일했던 첸 이치우^{Chen Yichiu}와 가구 디자이너, 큐레이터 세 명이 공동 플랫폼을 지향하며 오픈한 곳이다. 저마다 다른 사람과 다양한 프로젝트가 모여 교류하길 바라는 마음으로, 현재 층마다 각기 다른 컨셉으로 운영되고 있다. 공간의 오픈을 준비할 때 태풍이 지나간 후 건물 옥상에 고인 물웅덩이를 보고 영어 단어 '웅덩이 Ponding'를 떠올렸고, 끊임없이 변할 수 있는 물과 같은 공간이 되길 바라는 마음에 '폰 딩'이라는 이름을 붙였다. 오픈한 뒤로 백 번이 넘게 전시를 진행해왔을 정도로 타이베이 예술 공유 장의 역할을 톡톡히 해내고 있다.

카페와 서점으로 운영되는 1층에서는 타이베이 출신 아티스트의 디자인 굿즈나 최신 로컬 트렌드가 담긴 무가지, 폰 딩이 셀렉한 세계 각지의 아트 북을 만나볼 수 있다. 2층과 3층은 각각 팝업 스토어와 전시 공간으로, 매달 한 가지 이상의 전시를 진행해 예술과 가까이하고 싶은 이들에게는 더욱더 매력적인 곳이다. 공간 자체를 3차원 잡지로 생각하고, 각 층을 각기 다른 주제로 형상화하는 폰 딩은 인터넷이나 TV에서뿐만 아니라 이 공간을 통해 요즘 트렌드와 관련된 서적 또는 전시, 이야기를 나누고 경험하는 기회를 갖길 바란다. 공간의 콘셉트에 맞게 매년 타이베이 아트 북 페어나 디자인 페어에도 참가하여 자신들의 의도를 알리고 있다.

Editor's Comment.

중산 거리를 걷다 만난 폰 딩은 마치 테트리스 게임의 한 장면을 보듯 건물과 건물 사이 완벽한 직사각형의 형태로 자리 잡고 있었다. 테라스에서 자유롭게 커피를 마시며 대화를 나누고 있는 사람들을 봤을 때부터, 이곳은 좋은 공간일 것이라는 이상한 확신이 들었다. 매대와 책장에 가득 자리 잡은 책을 봤을 때 그 마음은 더욱 굳혀졌고, 타이베이를 찾을 이들에게 폰 딩을 소개하고 싶어졌다. 매력적인 책들을 구경하고 2층 계단을 올라서자 1층과는 또 다른 분위기의 전시가 펼쳐져 있었는데, 대만 베이스의 조각가 겸 설치 예술가 유팅 청 Yu-Ting Cheong의 전시가 진행 중이었다. 알지 못했던 아티스트였지만 우연히 만난 전시는 꽤 깊은 인상을 안겼다. 한 달에 한 번 전시가 바뀐다고 하니 다음에는 어떤 전시가 펼쳐질지 기대가 되었다. 공간을 한참이나 둘러본 후였음에도, 테라스에 앉아 있던 사람들은 여전히 그 자리에서 여유를 즐기고 있었다. 언젠가 다시 폰 딩에 방문하게 된다면 그들처럼 테라스에 앉아 느긋하게 책을 읽고, 거리의 풍경을 오래도록 바라보았으면 좋겠다는 생각이 들었다.

pon ding

Add. No.6, Lane 53, Section 1, Zhongshan North Road, Zhongshan District, Taipei City
Tel +886 2 2537 7281
Open 11:00–20:00
Day OFF 매월 마지막 주 월요일
More INFO pon-ding.com @pondingspace

2 BRUNCH & BAR
ACME BREAKFAST CLUB

애크미 브렉퍼스트 클럽

CONCEPT · QUALITY · IDENTITY · ATTITUDE · POPULAR

ACME는 타이베이의 명동으로 불리는 시먼딩 Ximending에 위치한 카페 겸 레스토랑으로, 아침부터 저녁까지 시간에 구애받지 않고 브런치를 즐길 수 있다. 스크램블드 에그, 아보카도 등 다양한 재료와의 조화가 돋보이는 브런치는 물론 푸딩과 치즈 케이크 같은 디저트, 커피와 차까지 메뉴 선택의 폭이 넓다는 것이 장점. 패션 편집숍 SYML을 운영하는 크루들이 오픈한 공간으로, 모던하고 세련된 공간과 더불어 푸드 스타일링의 측면에서도 감도 높은 비주얼을 선보인다. 브렉퍼스트 클럽이라는 이름에 걸맞게 멤버십 회원을 모집하기도 하는데, 회원이 되면 ACME에서 진행하는 각종 행사와 이벤트에 관련된 혜택을 누릴 수 있다. 2019년에만 500명이 넘는 사람들이 멤버십 신청을 했다는 사실은 ACME의 인기를 가늠할 수 있는 대목이다.

고정 메뉴 외에도 시즌별 한정 메뉴를 출시하는 ACME는 비정기적으로 색다른 인테리어 콘셉트를 선보이는 것으로도 유명한데, 'ACME BEACH CLUB'이라는 이름으로 진행되었던 프로젝트에서는 발코니에 흰 모래를 깔고 선베드를 설치해 마치 바닷가에 놀러 온 듯한 분위기를 연출하기도 했다. 한편, 오후 여섯 시부터는 완전히 다른 가게가 된다. 어둠이 내리 깔리는 시간이 다가오면 AFTERWORK by ACME라는 이름의 비스트로 겸 바Bar로 변신하는 것. 밝고 활기찼던 낮과는 달리 은은하고 무게감 있는 분위기 속에서 와인과 맥주, 칵테일 등 다양한 주류에 어울리는 음식을 함께 즐길 수 있다.

©ACME Breakfast CLUB

Editor's Comment.

구글 맵에 주소를 찍고 도착한 곳은 시먼딩의 어느 낡은 건물 앞. 긴가민가하며 3층으로 올라가자, 환한 채광의 밝은 실내가 우리를 반겼다. 햇볕이 잘 드는 야외에 앉고 싶었지만, 날씨가 좋았던 탓에 발코니석은 이미 만석. 그러나 감각적인 플레이팅의 브런치를 보는 순간 아쉬운 마음은 눈 녹듯 녹아내렸다. 비주얼에 감탄하던 것도 잠시, 부산함이 느껴져 시선을 던진 곳에는 교복을 입은 두 소녀가 각자의 휴대폰으로 음식 사진을 찍고 있었다. 예쁜 음식을 사진으로 담아내고자 하는 마음은 이곳 사람들도 마찬가지구나, 싶은 마음에 몰래 웃다가도 이건 찍어야만 하는 비주얼이라는 현지 통역사의 말에 고개를 끄덕였다. 참치와 훈제 연어를 더한 에그 베네딕트는 고소하면서도 짭조름한 맛이 일품이었고, 신선한 무화과와 딸기가 올라가는 프렌치토스트는 부드럽고 달콤해 사기를 북돋우는 아침 메뉴로 제격이었다. 추가 주문을 하고 싶었지만, 서서히 배가 불러오는 것이 원망스러울 정도였다. 오후 6시부터는 칵테일 바로 바뀌는 이곳이 더욱 궁금해졌다. 여유가 된다면 느지막이 일어나 이곳의 브런치를 즐기고, 시먼딩의 곳곳을 눈에 담은 다음 다시 돌아와 맛있는 안주와 칵테일로 기분 좋은 하루의 마무리를 해보는 것도 좋겠다.

ACME BREAKFAST CLUB

Add 3F, No.10, Lane 27, Chengdu Road, Wanhua District, Taipei City
Tel +886 2 6617 0557
Open 수~월 09:00–17:00
Day OFF 화요일
More INFO acmebreakfastclub.com @acmebreakfastclub

AFTERWORK BY ACME

Add 3F, No.10, Lane 27, Chengdu Road, Wanhua District, Taipei City
Tel +886 966 170 009
Open 수~목&일 18:00–00:00, 금~토 18:00–01:00
Day OFF 월-화
More INFO acmebreakfastclub.com @afterworkbyacme

©ACME Breakfast CLUB

³ LIFESTYLE & STAY
ORIGINN SPACE

오리진 스페이스

PHILOSOPHY · IDENTITY · REGIONALITY · ATTITUDE · PRIDE

'오랫동안 침묵해왔을지라도, 과거와 현재를 연결하려 노력해야 한다.' 오리진 스페이스의 모토는 오래전부터 남겨진 타이베이의 유산을 자신들만의 방식으로 꾸려 나가는 것이다. 친구 사이인 하비 왕 Harvey Huang과 윌리 차오 Willie Chao가 전통문화를 그대로 고수하여, 역사 유적으로 선정된 건물을 개조하여 운영하고 있다. 1층은 라이프스타일숍과 카페,로 운영되며 2층과 3층은 총 네 개의 객실로 이루어진 숙박 시설로, 방마다 다른 콘셉트를 선보이고 있다. 오리진 스페이스만의 독특한 매력 중 하나는 객실마다 턴테이블이 있다는 점이다. 체크인 시 턴테이블을 사용하는 법을 알려주는데, '음악의 방'이라는 객실의 이름에서부터 알 수 있듯 이곳에 머무는 동안 1층에서 원하는 LP를 골라 들으며 혼자만의 휴식을 즐기길 바라는 마음으로 준비된 서비스다. 백 년이 넘은 역사 깊은 공간의 원래 모습을 유지하기 위해 최선을 다하고 있지만, 이곳에는 "손대지 마시오"와 같은 안내문이 없다. 역사적인 건물이라고 해서 경직된 태도로 예의를 갖추는 것이 아닌, 그 공간 자체를 마음껏 즐기는 것이 오래된 집을 기억하고 되살리는 가장 좋은 방법이라고 믿는다. 오리진 스페이스에 방문하는 이들은 백 년 전의 타이베이로 돌아간 기분을 느끼게 될 것이다.

Case : Local Shop

Editor's Comment.

춘절을 앞둔 타이베이는 거리마다 활기로 가득 차 있었다. 타이베이에서 만난 대부분의 집과 가게에는 빨간 종이에 먹으로 써내려 간 글귀가 붙어있었는데, 이 글귀는 한 해의 복을 기원하는 의미로 오리진 스페이스 역시 마찬가지였다. 시간의 흐름이 느껴지는 미닫이문을 조심스레 열고 오리진 스페이스에 들어서자 마스코트 역할을 하는 고양이 차오차오가 마중을 나왔다. 정부의 허락으로 유적을 개조한 공간이자 누군가 사적인 휴식을 위해 머무르고 있는 곳이기도 했다. 역사와 개인 사이의 괴리감에서 느껴지던 걱정은 따뜻한 커피 한 잔과 함께 머릿속에서 사라졌다. 이곳은 향긋한 원두 향 속에서 편하게 쉬었다 가도 되는 친구의 집 같은 공간이라는 생각이 들었다. 손님도 친구처럼 대하고 싶다는 오너의 마인드가 느껴지는 모습이었다. 여행의 숙소를 고를 때 고려하게 되는 나름의 기준이 적용되지 않는다는 점이 이곳의 매력이다. 오리진 스페이스에는 호텔의 룸서비스도, 멋진 뷰도, 텔레비전도, 화려한 미니바도 없지만, 그 어디에서도 만나지 못할 과거와 현재가 공존하고 있다. 불필요한 격식은 버리고, 있는 그대로의 모습으로 휴식을 즐길 수 있는 하룻밤을 보내보지 못한 것이 아쉬움으로 남았다.

Case : Local Shop

ORIGINN SPACE

Add No.247, Nanjing West Road, Datong District, Taipei City
Tel +886 2 2567 8904
Open 1층 카페 · 라이프스타일숍 12:00-19:00, 2 · 3층 게스트하우스 예약제
Day OFF 무휴
More INFO facebook.com/OrigInnSpace

©ORIGINN SPACE

4 BAKERY
MOON BAKING STUDIO

문 베이킹 스튜디오

CONCEPT · PHILOSOPHY · QUALITY · TONE&MANNER · ATTITUDE

베이커인 남편과 디자이너인 아내가 만나 독특한 개성을 갖춘 베이커리가 탄생했다. 유명 프렌치 레스토랑에서 제과 제빵 파트를 담당하던 남편이 빵을 만들고 아내가 로고와 패키지, 플레이팅을 맡는 문 베이킹 스튜디오가 바로 그곳이다. 이름에서 알 수 있듯, 단순한 빵집이라기보다 빵에 대해 연구하고 그 결과물을 대중에게 선보이는 스튜디오에 가깝다. 실제로 베이커리 Bakery가 아니라 -ing 형태를 써 베이킹 Baking이라 표기한 이유는, 계속해서 새로운 메뉴를 개발하고 실시간으로 빵을 구워내고 있다는 것을 표현하기 위함이다. 미니멀한 인테리어의 매장 내부는 빵을 조리하고 진열하는 공간에 집중되어 있고, 손님을 위한 자리는 2인용 원형 테이블 여섯 개가 전부다. 그럼에도 발길이 끊이지 않는 이유는 베이커리의 본질인 빵에서 찾을 수 있다. 시그니처인 앙버터는 다른 베이커리에서도 흔히 볼 수 있는 메뉴지만, 프랑스식으로 만든 빵에 일본식 팥앙금과 버터를 더해 동서양의 스타일을 결합한 색다른 맛을 낸다. 그뿐만 아니라, 크리스마스와 밸런타인데이와 같은 특별한 날에는 크랜베리 크림을 혼합해 붉은색을 띠는 앙버터를 한정 판매하는 등 이색적인 시도를 이어나간다.

매장 한 켠에는 문 베이킹 스튜디오와 협업한 브랜드의 제품과 자체적으로 제작한 굿즈가 진열되어 있는데, 에코백과 티셔츠, 스티커와 배지, 마스킹테이프, 액세서리 등 그 종류 또한 다채롭다. 빵을 만드는 데 그치지 않고 다양한 도전을 멈추지 않는 문 베이킹 스튜디오의 앞으로의 행보를 주목하게 되는 이유 중 하나다.

No. 6 Taipei

Editor's Comment.

문 베이킹 스튜디오에서 오래 머물기란 쉬운 일이 아니다. 규모가 작은 만큼 테이블 수가 적고, 운 좋게 자리를 잡는다고 해도 좌석이 그리 편하지만은 않다. 그럼에도 이곳에 들르게 되는 이유가 있다면 매번 새롭게 선보이는 메뉴와 진지한 태도로 베이킹과 디자인, 각자의 일에 몰두하고 있는 대표 부부를 마주하게 되기 때문이 아닐까. 특히 아내인 코코는 바쁜 와중에도 미소를 잃지 않고 취재 팀을 맞아주었는데, 두 눈을 빛내며 일에 대한 열정을 드러내는 모습이 프로답게 느껴졌다. 그녀와 닮은 제각기 개성 있는 스타일의 직원들도 문 베이킹 스튜디오만의 색깔을 형성하는 데 한몫한다. 이곳에서 시간을 보내다 보니 타이베이의 로컬 컬처를 몸소 체험하면서 힙스터의 대열에 합류한 것 같은 기분이었다. 앙버터와 함께 마실 음료로 추천 받은 밀크티는 단맛이 적어 깔끔한 느낌이었는데, 덕분에 문 베이킹 스튜디오의 빵과 잘 어우러졌다. 아마 타이베이에 살았다면 토요일 오전마다 이곳에 들러 갓 구운 빵과 밀크티를 구입한 뒤 느긋한 오후를 보내지 않을까 싶을 정도로 마음에 안정을 가져다주는 맛이었다.

Moon Baking Studio
Add No.4, Alley 13, Lane 295, Section 1, Fuxing South Road, Da'an District, Taipei City
Tel +886 2 2325 5251
Open 11:30–19:30
Day OFF 일-월
More INFO @_moon_baking

5 HANDMADE EARTHING WAY

어싱 웨이

CONCEPT · IDENTITY · TONE&MANNER · ATTITUDE · REGIONALITY

공예품에 관심 있는 이들에게 이미 널리 알려진 어싱 웨이는 대만과 일본의 공예품을 판매하는 편집숍이다. 이끼라는 뜻의 이름에서부터 알 수 있듯 '땅에서 온 물건'이라는 테마로 가장 순수한 상태의 공예품을 셀렉하여 알리고 있다. 단순히 아름답기만 한 물건이 아닌, 일상생활에서도 유용하게 쓰이며 지속가능한 물건을 소개한다. 그뿐만 아니라 많은 사람들이 공예의 아름다움을 인식하고 예술적으로 살기 바라는 마음으로 지속적인 예술품 창출에 앞장서고 있다. 공연 · 시각 예술 업계에 종사했던 바이오 쉐 Bio Xie는 2016년 어싱 웨이를 설립하여 나무 그릇, 금속과 도자기로 만든 상자, 자연에서 영감을 받아 만들어진 친환경적인 제품을 소개한다. 천연 소재를 활용한 개인 의류 브랜드도 운영하고 있을 만큼 장인 정신과 전통에 대해 깊은 관심을 두고 있다. 어싱 웨이의 스텝들은 숍을 찾은 고객들에게 먼저 다가가 제품의 역사와 장인의 철학에 대해 들려주는데, 물건을 잘 알고 있지 않으면 불가능한 일이기에 이들이 어떤 애정을 갖고 공예품을 다루고 있는지 느낄 수 있는 부분이다. 전통을 자랑하는 다다오청 지역의 향에서 영감을 받은 향초 시리즈나 황동으로 만든 촛대 역시 어싱 웨이가 추구하는 자연스러움을 온전히 드러낸다.

Case : Local Shop

Editor's Comment.

어싱 웨이가 위치한 디화제 Dihua Rd.를 찾았을 때는 어둠이 거리에 내려 앉고 있었다. 모두 긴 스케줄로 지쳐 있었고 인산인해의 시장을 갓 벗어난 터라 고요함과 차분함이 간절했다. 낡은 건물과 한방 재료를 파는 거리답게 곳곳에서 느낄 수 있는 씁싸름한 향과 타이베이 최대의 원단 도매 상가까지, 오랜 전통을 자랑하는 거리에 자리 잡은 어싱 웨이는 은은한 조명에서부터 독특한 분위기를 자아내고 있었다. 어싱 웨이의 모든 직원들은 영업을 마무리할 시간이었음에도 손님 한 명 한 명에게 친절한 설명을 건넸다. 투박한 매력의 공예품, 천연 소재의 의류와 가방까지, 지나치게 매끄럽고 반듯한 모습이 아니라 오랜 시간 손을 거쳐 자연스럽게 탄생한 역사가 저절로 연상되는 물건들은 어디서도 만나볼 수 없는 어싱 웨이만의 매력이었다. 가장 인상 깊었던 건 향초 브랜드 nag.19와 함께 제작한 향초 시리즈였다. 디화제에 들어서면 쉽게 맡을 수 있는 한약 특유의 향과 사원에서 나는 우드 향을 현대적으로 조합하여, 지역의 향을 담아냈다는 점에서 지역 사회와 공존하는 요즘 타이베이의 트렌드를 느낄 수 있었다. 대부분의 상품이 차분하고 어두운 톤을 띠고 있어 깊은 밤과 유난히 잘 어울린다는 생각이 들었지만, 일상의 예술을 꿈꾸는 어싱 웨이의 열정은 또 다른 매력으로 화사하게 빛나고 있을 거라 확신했다.

EARTHING WAY
Add No.34, Minle Road, Datong District, Taipei City
Tel +886 2 2550 2270
Open 10:30–19:30
Day OFF 무휴
More INFO @earthingway

COFFEE
藏田咖啡豆專賣 CANG TIAN COFFEE SHOP

장전 원두 판매점

CONCEPT · PHILOSOPHY · QUALITY · IDENTITY · ATTITUDE · REGIONALITY

타이베이에는 커피를 팔지 않는 커피숍이 있다. 융캉제 Yongkang Rd.에 위치한 장전 원두 판매점은 커피 원두만을 전문적으로 판매하는 가게로, 케냐와 인도, 남아프리카공화국 등 유명 생산지의 원두를 포함해 약 50여 가지가 넘는 원두를 소개한다. 그 중에서도 가장 인기가 좋은 원두는 바로 대만산 원두. 고소한 맛이 특징인 화롄 Hualian 원두, 과일 향을 느낄 수 있는 아리산 Ali山 원두, 대만에서 가장 기온이 높은 지역으로 꼽히는 핑둥 Pintung에서 생산되는 쌉쌀한 맛의 원두, 총 세 가지의 대만산 원두를 취급한다. 커피 서비스를 제공하지 않는 이유는 손님들과 커피에 대한 더 깊은 대화를 나누기 위해서다. 단순히 값을 치르고 자리에 앉아 커피를 마시고 나가는 게 끝이라면 그 이상의 교감은 이루어지기 힘들다는 것. 손님이 진정 좋아하는 맛의 커피를 찾을 수 있도록 돕는 것이 장전 원두 판매점의 존재 이유다. 10년 동안 한 곳에서 굳건히 자리를 지킬 수 있었던 이유 또한 이곳의 철학에 공감하는 단골들이 꾸준히 들러주기 때문이다. 모든 원두는 100g 단위로 구매할 수 있으며, 커피를 추출하는 데 어떤 도구를 사용할 것인지에 따라 원하는 형태로 분쇄된 원두를 구입할 수 있다.

Editor's Comment.

융캉제를 걷다 우연히 마주하게 된, 세계 각지의 원두가 담긴 유리병이 한쪽 벽을 가득 메우고 있는 장전 원두 판매점의 내부 풍경은 놀라웠다. 취재를 위해서는 대부분의 숍과 사전에 협의를 거치게 되는데, 장전 원두 판매점이 내뿜는 아우라에 취재 팀은 너나 할 것 없이 이곳을 소개해야 한다며 입을 모았다. 마침 원두를 로스팅하고 있는 직원에게 다가가 가게에 대해 몇 가지 질문을 해도 괜찮겠냐고 묻자, 그는 흔쾌히 수락하며 즐거운 얼굴로 원두에 관한 설명을 시작했다. 특히 인상적이었던 점은 대만 커피는 마치 차를 마시듯 음미해야 한다며, 일일이 원두 병을 열어 향을 맡게 해주었다는 것이다. 생산지와 로스팅 강도에 따라 미묘하게 달라지는 향에 대만산 원두에 대한 관심이 깊어졌고, 결국 가게를 나오는 손에는 장전 원두 판매점의 원두가 들려 있었다. 단순히 커피 한 잔의 여유를 누리고 싶은 사람이 아닌, 커피에 대한 지대한 관심과 애정을 가진, 자신이 진정 좋아하는 원두를 찾고자 하는 여행자에게 추천하는 공간이다.

藏田咖啡豆專賣 CANG TIAN COFFEE SHOP

Add No.91, Yongkang Road, Da'an District, Taipei City
Tel +886 2 2392 7770
Open 14:00–21:00
Day OFF 早齊

7 CULTURE
NOT JUST LIBRARY

낫 저스트 라이브러리

CONCEPT · PHILOSOPHY · IDENTITY · TONE&MANNER · POPULAR

타이베이의 대표 문화 공간인 송산문창원구 2층에 자리 잡은 낫 저스트 라이브러리는 대만 최초의 디자인 전문 도서관이다. 원데이 패스 티켓을 구매하고 들어가는 독특한 시스템으로 운영되며 3만 권 이상의 서적을 소장하고 있다. 인쇄, 공예, 건축, 패션, 영상 관련 도서는 물론 전시회 카탈로그 컬렉션과 100종이 넘는 정기 간행물까지 만나볼 수 있다. '3X3'이라는 이름의 전시 공간에서는 개관 이래로 다양한 현대 디자인과 뉴 미디어 전시회를 개최하고 있으며 디자이너 강연이나 소규모 공연도 이뤄진다. 낫 저스트 라이브러리의 디렉터 레슬리 리우 Leslie Liu 는 창작자가 정보의 홍수 속에서 자신의 관점을 갖는 것이 중요하다고 말한다. 'We do design and do not just design!' 낫 저스트 라이브러리의 모토는 디자인이라는 단어 자체를 넘어 더 심미적이면서 삶과 밀접한 디자인에 대해 이야기 하는 것이다. 그런 철학에 걸맞게 매년 도서 컬렉션을 재정비하며 라이프스타일에 관한 도서도 꾸준히 강화하고 있다.

©Not Just Library

낫 저스트 라이브러리의 재미있는 요소 중 하나는 매년 새로운 디자인의 리미티드 에디션 티켓을 선보인다는 점이다. 타이베이 베이스의 디자인 스튜디오 O.OO와 작업한 리소그라프 티켓이나, 22권의 잡지 속 1667장의 페이지를 재결합하여 잡지의 시각적 언어를 보여줬던 티켓은 공간의 매력을 더욱 돋보이게 해주는 요소다. 그 어떤 아이디어도 자유롭게 떠올릴 수 있는 공간, 낫 저스트 라이브러리는 삭막하고 딱딱하다는 고정관념을 무너뜨리고 모든 종류의 창조가 일어날 수 있는 도서관을 꿈꿔 나간다.

Editor's Comment.

옛 담배 공장을 개조해 만든 송산문창원구 안에 도서관이 있다는 사실을 처음 접했을 때 묘한 호기심이 차올랐다. 책을 사랑하는 도시답게 누구나 즐길 수 있는 공공 도서관이나 청핀서점과 같은 대형서점을 쉽게 만나볼 수 있는 타이베이에 유료로 입장하는 도서관이라니. 성인 기준 한화로 약 삼천 원 정도인 입장료는 새로운 경험의 대가로 지불하기에 오히려 저렴하게 느껴졌다. 큰 창문으로 들어오는 따뜻한 빛은 공간을 가득 채우고 있었는데, 서가를 꽉 채운 책이 아니었다면 카페라는 생각이 들 만큼 편안한 분위기였다. 원하는 분야의 책을 골라 긴 테이블에 앉았다. 두꺼운 책을 완독하기에는 시간이 모자랐지만 잠시 동안의 여유는 잊지 못할 기억이 될 것임이 분명했다. 일상의 모든 생활은 디자인과 밀접한 관계가 있기에, 디자인 전공자가 아닌 그 누구라도 이곳에서 새로운 아이디어를 얻어 갈 수 있을 것이라는 생각이 들었다. 아쉬움을 뒤로 한 채 낫 저스트 라이브러리에서 나서자마자, 문득 이 공간의 이름이 머릿속에 떠올랐다. 'Not Just Library'. 이곳은 도서관, 그 이상의 역할을 하고 있었다.

« 타이베이 디자인 스튜디오 O.OO와 협업한 원데이 패스 리미티드 에디션 티켓.

©Not Just Library

160　　　Case : Local Shop

NOT JUST LIBRARY

Add No.133, Guangfu South Road, Xinyi District, Taipei City
Tel +886 2 2745 8199
Open 화~일 10:00-18:00
Day OFF 일요일
More INFO facebook.com/TDCDesignLibrary @notjustlibrary

8 FOOD
CHAN CHI HOT POT LAB

찬치 핫팟 랩

CONCEPT · IDENTITY · TONE&MANNER · ATTITUDE · POPULAR

찬치 핫팟 랩은 30년에 가까운 역사를 지닌 훠궈 전문점으로, 2018년 11월에 오래된 건물을 개조하여 리뉴얼 오픈한 후, 남녀노소 불문하고 큰 사랑을 받고 있다. 이곳의 인기 요인은 바로 과거와 현재가 공존하는 복고풍의 인테리어. 대만의 80~90년대 비즈니스 빌딩을 모티브로 꾸며진 공간에는 모조 전기 계량기, 격자 유리창, 수조 등 디자인 콘셉트에 충실한 요소들이 곳곳에 숨어 있다. 기존 건물의 양식을 해치고 싶지 않다는 이유로 카운터 옆에 위치한 엘리베이터를 가게 내부로 진입하는 문으로 활용한다는 점도 독특하다. 메뉴는 훠궈 한 가지로, 빨간 색을 띠는 매운 육수와 고소한 맛의 하얀 육수 두 가지의 육수가 제공되며, 태블릿 PC를 통해 메뉴를 골라야 할 정도로 다채로운 옵션을 제공한다.

©MENS 30'S LIFE

No. 6 Taipei

찬치 핫팟 랩의 또 다른 특징은 인테리어만큼이나 개성 넘치는 컬래버레이션을 진행한다는 점인데, 이를테면 타이베이 기반의 스트릿 브랜드 SYNDRO의 디자이너가 유니폼을 디자인하거나 대만의 유명 뮤지션 이영홍 Lee Yinghung과 협업해 음반을 발표하고 해당 음반의 커버 사진을 가게 내부의 휴지 곽 패키지로 활용하는 식이다. 천천히 음식을 음미하며 매장 곳곳에 숨어 있는 아티스트의 작품을 발견하는 재미를 느껴보는 것도 찬치 핫팟 랩을 즐기는 하나의 방법이다.

No. 6 Taipei

©MENS 30'S LIFE

Editor's Comment.

고생한 취재 팀과의 마지막 회식 장소는 이미 한국에서 예약을 마친 상태였다. 그러나 인터뷰이 중 두 팀이나 찬치 핫팟 랩을 추천하자, 이곳을 들르지 않고 한국에 돌아갔다가는 큰 후회를 할 것만 같았다. 예약을 받지 않아 직접 가게로 가 접수를 했을 때는 세 시간을 기다려야 한다고 했다. 특별할 것 없는 식당이었다면 포기하고 돌아갔겠지만, 찬치 핫팟 랩만의 오묘한 분위기가 발목을 붙잡았다. 밤 열 시가 다 되어서야 들어선 가게 내부는 사람들로 가득 차 있었는데, 왜 그렇게 많은 사람이 이곳을 찾아오는지 그 이유를 알 것 같았다. 다소 촌스러운 패턴의 천장 구조물과 의자, 금붕어들이 헤엄치는 수조와 아날로그 텔레비전 같은 소품들이 어우러져 묘하게 세련된 느낌으로 다가왔다. 새벽 1시를 향해 달려가는 시간에도 개성 넘치는 젊은이들이 계속해서 빈자리를 채웠다. 매운 육수에는 오리 선지가 기본으로 들어간다는 점에서는 호불호가 갈릴 수 있지만, 그냥 지나치기에는 아까운 감성을 지니고 있어 꼭 한 번쯤 들러볼 것을 권한다.

CHAN CHI HOT POT LAB

Add No.60, Section 3, Heping East Road, Da'an District, Taipei City
Tel +886 2 2377 7799
Open 12:00–01:00
Day OFF 무휴
More INFO @chanchihotpotlab

9   DESIGN & STAY
PLAY DESIGN HOTEL

플레이 디자인 호텔

CONCEPT · PHILOSOPHY · QUALITY · IDENTITY · TONE&MANNER · ATTITUDE · REGIONALITY

플레이 디자인 호텔은 투숙객으로 하여금 호텔에 머무는 동안 몸으로 직접 로컬 디자인을 체험할 수 있도록 돕는다. 오직 다섯 개의 객실로만 이루어져 있어, 비정기적으로 테마와 콘셉트를 변경해 같은 객실이라도 다른 경험을 할 수 있다. 미래 공간에 대한 상상을 녹여낸 Future Lab, 대만의 전통 공예를 바탕으로 한 MIT3.0 (MIT란 Made In Taiwan을 의미한다), 제조 산업과 기술의 본질을 관찰하는 Maker Room, 대만의 차를 주제로 한 Tea Room 등이 이곳을 대표하는 주요 테마다. 가장 흥미로운 테마는 'Guest Selections'로, 말 그대로 게스트가 직접 공간을 이루는 가구와 소품을 선택할 수 있다. 방문 전, 웹사이트를 통해 원하는 제품을 고르면 머무는 동안 해당 제품을 사용할 수 있으며, 만약 사용했던 제품이 마음에 든다면 같은 공간에서 운영하는 라이프스타일숍에서 해당 제품을 구입할 수도 있다. 이렇듯 플레이 디자인 호텔은 공간을 통해 여행자와 로컬 디자이너를 연결함으로써 지역 사회에 긍정적인 영향을 미치는 플랫폼으로 기능한다.

Guest Selections 테마가 적용되는 501호는 투숙객의 선택에 따라 'Naho Selections'로 변경되기도 하는데, 여기서 Naho는 플레이 디자인 호텔을 위해 가이드맵을 디자인한 일본의 일러스트레이터 오가와 나호$^{Ogawa\ Naho}$의 이름에서 따왔다. 객실 내부뿐 아니라 타이베이 101타워가 내다보이는 외부 전경도 인상적이다.

©Play Design Hotel

Editor's Comment.

플레이 디자인 호텔은 디자인과 출판 업계 실무자들에 의해 디자인되었다는 점에서 가장 방문하고 싶은 공간 중 하나였다. 출장 일정 동안에는 모든 객실의 예약이 이미 완료된 상태였지만 호텔 측의 배려 덕분에 잠시 객실 내부를 살펴볼 수 있었다. 평범한 무채색의 건물 5층에 위치한 이곳은 외관 자체는 그리 특별하지 않았지만 들어서는 순간 오래도록 머물고 싶은 공간이라는 생각이 들었다. 군더더기 없는 깔끔한 객실에 탁상 조명과 시계부터 의자, 테이블까지 어느 곳 하나 섬세한 손길이 닿지 않은 곳이 없었다. 호텔은 그저 잠만 자는 공간이라고 생각했던 것이 무너져 내리는 순간이었다. 플레이 디자인 호텔은 유명한 관광지나 유적지, 숍뿐만 아니라 휴식을 위한 공간조차 여행지가 될 수 있다는 것을 몸소 보여준다. 디자인에 관심이 많은 사람이라면 이곳에 머무는 것만으로도 훌륭한 배움의 시간을 보낼 수 있을 것이다. 타이베이를 둘러볼 수 있는 기간이 넉넉하다면 하루 정도는 플레이 디자인 호텔에 머물며 객실 내부를 가득 채우고 있는 타이베이의 로컬 디자인을 몸소 체험해보기를 권한다.

©Play Design Hotel

PLAY DESIGN HOTEL
Add 5F, No.156-2, Taiyuan Road, Datong District, Taipei City
Tel +886 2 2555 5930
Open 예약제 운영
More INFO stay.playdesignhotel.com

Other Shop
SELECTED

그 외 눈여겨보아야 할 숍 15

CULTURE   **Waiting Room**

웨이팅 룸

대만의 인기 록 밴드 'TOUMING MAGAZINE'의 멤버가 운영하는 셀렉트 숍으로, 대만 인디 뮤지션들의 음반은 물론, 각종 패션 아이템과 독립 출판물을 만나볼 수 있다. 비정기적으로 디제잉 공연과 음감회를 주최하기도 하는데, 공연을 즐기다 목이 마르면 미니 냉장고에 구비되어 있는 캔 음료를 구입해 마실 수도 있는, 작지만 알찬 공간이다.

Add No.1, Alley 10, Ln.40, Chang'an west Road, Zhongshan District, Taipei City
Tel +886 2 2523 6937
Open 화~일 14:00-21:00
Day OFF 월요일
More INFO waitingroomtaipei.com
@waitingroom_taipei

EAT   **Hermit's Hut**

허밋츠 헛

대만식 전통 티 브루잉을 체험할 수 있는 곳. 오직 티와 티 카테일만을 판매하는 찻집으로, 주문한 메뉴를 더욱 깊이 있게 즐길 수 있도록 개별 매뉴얼을 제공한다. 숯불을 달궈 차를 우리는 것이 특징이며, 다도와 관련된 다양한 수공예용품을 구경하는 재미도 쏠쏠하다.

Add No.15, Alley 15, Lane 553, Section 4, Zhongxiao East Road, Xinyi District, Taipei City
Tel +886 2 2746 6929
Open 월~금 13:00-20:00, 토~일 11:00-20:00
Day OFF 무휴
More INFO hermits-hut.com @hermits_hut

LIFE   **Da Chun's Soap**

다춘 숍

3대에 걸쳐 비누를 만들고 있는 다춘 숍은 '땅과의 공존'을 철학으로 비누를 통해 땅과 사람을 돌보고자 한다. 원료와 피부 타입, 용도에 따라 다채로운 옵션을 제공하며 오프라인 매장에서는 다춘 숍의 역사를 알 수 있는 오브제와 사진 등이 진열되어 있어 마치 전시를 관람하는 듯한 기분을 느낄 수 있다.

Add No. 193, Section 1, Dihua Road, Datong District, Taipei City
Tel +886 2 2553 3062
Open 월~금 09:00-18:00, 토~일 09:00-19:00
Day OFF 무휴
More INFO dachuns.com @dachuns1950

LIFE   **LAI HAO**

라이 하오

평범한 수비니어 숍이라고 생각하면 오산. 라이 하오에서 취급하는 모든 제품은 메이드 인 타이완이며, 그중에서도 감각적인 패키지로 디자인된 제품만을 선별한다. 가족과 친구들에게 줄 선물을 골라야 한다면 두말할 것 없이 라이 하오로 발걸음을 옮겨볼 것. 타이베이 시내에 여러 개의 지점을 두고 있어 접근성 또한 훌륭하다.

Add No.11, Lane 6, Yongkang Road, Da'an District, Taipei City
Tel +886 2 3322 6136
Open 10:00-21:30
Day OFF 무휴
More INFO laihao.com.tw @laihaotaiwan
*이 외 지점 인덱스 참고

EAT **VEGE CREEK**

베지 크릭

타이베이 베지테리언에게 인기 좋은 캐주얼 비건 레스토랑. 야채와 함께 건강한 식사를 되찾자는 바람에서 시작했다. 원하는 재료를 골라 담아 육수에 데쳐서 조리하는 대만의 대표 서민 음식 '루웨이'를 오직 채소로만 구성해 맛볼 수 있다. 타이베이 내에 여러 지점이 있으니, 특별한 로컬 채식 경험을 하고 싶다면 베지 크릭에 방문해보기를 권한다.

Add No.2, Lane 129, Yanji Road, Da'an District, Taipei City
Tel +886 2 2778 1967
Open 12:00–14:00, 17:00–21:00
Day OFF 무휴
More INFO facebook.com/VEGECREEK

CULTURE   moom bookshop

뭄 북숍

사진집과 아트 북을 전문으로 다루는 서점으로, 단순히 서점의 역할을 넘어 자유롭게 사진을 만나볼 수 있는 다양성과 플랫폼을 제공하는 것을 목표로 한다. 오너가 셀렉한 세계 각국의 예술 서적도 흥미롭지만 1970년대 컬러 사진 회고전이나 아트북의 명장으로 불리는 게르하르트 슈타이들 Gerhard Steidl의 서적을 소개하는 심도 있는 전시는 뭄 북숍의 진정한 매력이다.

Add No.16, Alley 8, Lane 251, Section 3, Zhongxiao East Road, Da'an District, Taipei City
Tel +886 2 2750 4001
Open 12:00-20:00
Day OFF 무휴
More INFO moom.cat @moom.cat

LIFE   delicate antique

델리케이트 앤티크

수년간 음악계에서 일했던 진 Jin이 직접 수집했던 가구와 예술 작품을 모아 만든 델리케이트 앤티크는 무엇을 사느냐가 아니라 어떻게 사느냐가 중요하다는 철학으로 낡은 의류 공장을 개조하여 많은 사람에게 빈티지와 예술 작품을 공유하고 있다. 누군가 중요하지 않다고 생각할 수 있는 오래된 물건을 자신만의 기준으로 선보이고 때로는 아티스트와 협력하여 전시를 진행하기도 한다.

Add No.346, Jiaxing Road, Da'an District, Taipei City
Tel +886 8 732 5321
Open 화~일 12:00-20:00
Day OFF 월요일
More INFO facebook.com/delicateantique @delicate_antique

EAT
HOSHING 1947

허싱 1947

3대째 70년이 넘는 역사를 자랑하며 운영 중인 전통 디저트 가게. 평범한 떡집으로 시작했지만, 중요한 날에만 떡을 먹는다는 인식을 벗어나 일상생활에서도 쉽게 즐길 수 있는 전통 디저트를 만들기 위해, 꾸준히 포장 디자인과 신메뉴 기획 및 연구를 이어나가고 있다. 붉은 문발이 은은하게 휘날리는 허싱 1947에 들어서면 떡을 쪄내는 찜기의 따뜻함이 온몸을 감싸올 것이다.

Add No.70, Sanshui Road, Wanhua District, Taipei City
Tel +886 2 2302 5863
Open 화~일 11:00-18:00
Day OFF 월요일
More INFO hoshing1947.com.tw

LIFE
Cha Tzu Tang

차쯔탕

대만산 동백 오일에 집중하는 코스메틱 브랜드로, 자연과 사람이 공존한다는 철학을 갖고 있다. 대만의 동백 농장과 협력하여 좋은 씨앗을 수확하고 제품으로 만드는 과정까지 섬세하게 관여하며, 10월에서 11월 사이에만 수확할 수 있는 동백꽃의 귀중함을 제품에 담아 천연 샴푸, 바디 로션 같은 제품부터 환경 보호를 위한 세제까지 선보이고 있다. 로컬 브랜드답게 타이베이의 많은 호텔에서도 차쯔탕 어메니티를 만나볼 수 있다고 하니, 타이베이 곳곳에서 차쯔탕의 제품을 발견하는 재미를 놓치지 말자.

Add No.11-1, Yongkang Road, Da'an District, Taipei City
Tel +886 2 2589 2997
Open 월-금 09:00-18:00
Day OFF 토~일
More INFO chatzutang.com

EAT   **DAY DAY HAPPY FOOD**

데이데이해피푸드

홍콩 스타일을 베이스로 한국, 태국, 대만의 음식을 접목한 퓨전 레스토랑 데이데이해피푸드는 독특한 레트로 인테리어와 분위기로 타이베이 핫플레이스로 떠오르고 있다. 붉은 벽돌, 현란한 타일, 화려한 조명은 어디에서도 만날 수 없는 색다른 분위기를 제공하며, 스마일 로고가 들어간 자체 제작 굿즈 역시 데이데이해피푸드에서 즐거움을 주는 요소다.

Add No.6, Lane 84, Section 2, Zhongshan North Road, Zhongshan District, Taipei City
Tel +886 2 2521 6482
Open 12:00-21:30
Day OFF 무휴
More INFO facebook.com/DAYDAYHAPPYFOOD @fooddaydayhappy

EAT   **WAT**

왓

슈퍼마켓에서 콘셉트를 따와 어디서나 마실 수 있는 생맥주와 칵테일을 판매하는 왓은 타이베이의 새로운 주류 문화를 꿈꾼다. 형식적이고 경직된 칵테일에서 벗어나기 위해 창의적이고 재미있는 요소를 매장 내부 곳곳에 두었다. 눈을 사로잡는 실버 컬러의 인테리어와 장난감이라고 착각할 만큼 화려한 색상을 자랑하는 패키지는 평소 술을 즐기지 않는 이라도 한 잔의 칵테일을 즐기고 싶게 만든다.

Add No.16, Xinyi Road, Section 5, Xinyi District, Taipei City
Tel +886 2 2720 5161
Open 18:00-02:00
Day OFF 무휴
More INFO @watcocktail

LIFE

大人小學古文具 Darenxiaoxue
대인 소학 고문구

어른들을 위한 문구점. 세련된 최신 문구는 없지만 그보다 더 흥미를 끄는 물건으로 가득 찬 공간이다. 대부분 역사 깊은 앤티크 문구 제품으로 이루어져 있으며, 깊은 골목 안쪽에 자리한 오래된 가옥을 개조하여 만든 공간이 몇십 년 전으로 돌아간 듯한 느낌을 더해준다. 추억 속 한편에 존재하는 문구를 둘러보다 보면 조금 더 이곳에 머무르고 싶어지는데, 그럴 땐 한약재 함으로 만든 메뉴판에서 커피와 차를 주문하고 맛을 음미해보자.

Add No.62, Lane 86, Section 2, Xinyi Road, Da'an District, Taipei City
Tel +886 2 2302 5863
Open 금~일 14:00~20:00
Day OFF 월~목
More INFO facebook.com/darenxiaoxue
@darenxiaoxue

EAT   CAFE!N

카페인

타이베이 로컬 커피 브랜드 카페인은 매년 새로운 원두를 개발하는 데 집중한다. 커피애호가들을 인터뷰하는 프로젝트나 커피와 어울리는 간단한 식사 대용 메뉴 개발에도 앞장서고 있다. 무엇보다 폴란드 그래픽 아티스트 필립 파고스키Filip Pagowski와의 비주얼 작업을 이어나가는 점도 인상적인데, 시각 예술과 결합한 커피가 일상 속으로 들어올 때 커피 산업이 발전할 수 있다는 카페인의 철학을 엿볼 수 있는 부분이다.

Add No.250-2, Section 4, Zhongxiao East Road,
Da'an District, Taipei City
Tel +886 2 8771 3861
Open 월~목 07:30-18:30 금 07:30-20:00
토~일 08:00~20:00
Day OFF 무휴
More INFO cafein.com.tw @cafeintw
*이 외 지점 인덱스 참고

CULTURE   # Misty Bookstore
미스티 북스토어

서점보다는 도서관이나 코워킹 스페이스가 연상되는 미스티 북스토어는 오랜 시간 모은 잡지를 많은 이와 나누고 싶다는 마음으로 타이베이 그래픽 디자이너 차이 난숴$^{Cai\ Naamsuo}$이 오픈한 잡지 전문 도서관이다. 디자인 분야를 중심으로 다양한 장르의 잡지를 만날 수 있는데 절판된 매거진까지 찾아볼 수 있다는 점이 특히나 흥미롭다. 매거진은 판매가 아닌 200TWD의 요금을 내고 공간을 이용하며 골라 읽는 방식으로 이용할 수 있다.

Add 3F, No.302, Section 3, Roosevelt Road, Zhongzheng District, Taipei City
Tel +886 2 2365 1586
Open 수~일 12:00-19:00
Day OFF 월~화
More INFO facebook.com/mistyriverbooks

LIFE   # funfuntown
펀펀타운

컵과 그릇 등의 식기류부터, 의류와 조명, 가구까지 없는 게 없는 라이프스타일 편집숍. 전통 공예품은 물론 최신 디자인 상품까지 갖추고 있는 이곳은 시대와 장르를 아우르는 컬렉션을 선보인다. '펀펀타운'이라는 이름에는 물건이 사람에게 잠깐의 즐거움^{fun}을 줄 수는 있지만, 진정한 즐거움은 스스로 찾아야 한다는 의미가 담겨 있다.

Add No.2, Alley 1, Lane 359, Fujin Road, Songshan District, Taipei City
Tel +886 2 2766 5916
Open 화~일 13:00-20:00
Day OFF 월요일
More INFO funfuntown.com
@funfuntown

Day & Night

에디터 2인이 타이베이에서 보낸
낮과 밤

EDITOR OH JISOO, LEE JIHYEON

Day

어느 평범한 아침

EDITOR LEE JIHYEON

잠시 잊고 지낸 따뜻함을 마주한 순간

언제부턴가 아침을 거르는 일이 많아졌다. 분명 학창 시절에는 늘 든든한 아침을 챙겨 먹었는데 어쩌다 아침의 식탁과 멀어졌는지는 모르겠다. 아침 먹고 다니는 사람 손 들어보라는 담임 선생님의 말에 당당히 올리던 손은 나름의 자랑이었다. 영양 잡힌 아침 식사를 해야 머리가 잘 돌아간다는 과학적인 증거를 바탕으로, 부지런하게 하루를 시작했다는 스스로에 대한 칭찬이 만들어낸 결과였다. 그러나 이제는 따뜻하게 차려진 밥상과 단잠 10분 중 하나만 고르자면 두 말할 것 없이 후자를 선택하는 쪽이 되어버렸다. 평소보다 여유를 부릴 수 있는 주말도 크게 달라지는 점은 없다. 마음껏 게을러지는 주말은 늦잠 잘 수 있는 핑계가 충분하고, 점심부터 하루가 시작되는 날이 대부분이다. 눈을 뜨자마자 먹어야 하는 식사는 아침이라 하기는 애매한 점심 식사였다. 나의 일상에서 평범한 아침 식사가 사라진 것이다.
주변만 봐도 아침을 제대로 챙겨 먹는 사람은 찾아보기 힘들다. 최대한 간편하게 빵 한 입 베어 물고, 그마저도 어렵다면 커피 한 잔을 마시거나 아무것도 먹지 않는 사람도 흔히 볼 수 있다. 아침 식사보다 잠을 택할 수밖에 없는 현대인의 씁쓸한 현실이다.

그런 내게 타이베이에서 만난 이들의 "아침 식사를 기다리는 시간이 가장 즐겁다."는 말은 신선한 충격으로 다가왔다. 인간에게는 누구나 공평한 24시간이 주어진다. 이들이라고 해서 벗어나기 힘든 침대의 유혹이 없는 것도 아닐 텐데 말이다. 아침을 먹지 않는다는 내 말에 그들은 배고프지 않냐고 되물어왔지만, 아침 공복이 워낙 익숙해진 지 오래라 그들이 품는 의문에 대해 할 수 있는 말이 없었다. 평소 아침을 먹지 않는 사람이라지만, 타이베이에서는 아침을 꼭 먹어 봐야 한다는 말에 묘한 호기심이 차올랐다.

잠시 내게 주어진 타이베이의 자유로운 아침, 피곤한 몸을 이끌고 대만의 아침 풍경을 찾아 나섰다. 온전한 휴식을 목적으로 한 여행을 할 때는 머무르는 호텔의 조식을 놓치지 않았다. '여행'이라는 말 자체가 주는 설렘 때문인지 늦잠도 고사하고 조식을 챙겨 먹곤 했었지만 로컬 아침 식사를 위해 이른 시간 길을 나서는 건 처음이었다. 제일 먼저 눈에 들어온 건 사거리에 빽빽하게 멈춰 서 있는 오토바이와 차들이었다. 외지인의 시선에서 낯선 도시를 바라보면 그들의 시간이 나의 시간보다 앞서 있는 것처럼 보인다. 분명 내가 사는 도시의 아침 또한 이 못지않게 분주할 텐데. 멀리서 온, 이를테면 여행자라고 할 수 있는 관점에서 그들을 바라봐서인지 다른 세상에 존재하는 이상한 기분이 드는 순간이었다.

어제도 몇 번이나 지나다닌 거리가 오늘은 어쩐지 낯설게 느껴졌다. 주말이 아님에도 문이 닫혀 있어 의아했던 길에는 또 다른 모습이 펼쳐져 있었다. 굳게 닫혀 있던 셔터를 올리고, 활기를 띠고 있는 가게들의 정체는 모두 자오찬디엔 zao can dian이라는 이름으로 불리는 아침 식당이었다. 김이 모락모락 나는 냄비, 바쁘게 주문을 받고 요리를 만드는 모습. 작은 테이블에 옹기종기 앉아 아침을 먹는 사람들. 말 그대로 살아 있는 풍경이었다. 대로로 나와 역 주변으로 걷자 조금 더 색다른 모습이 눈에 들어오기 시작했다. 블록마다 있는 공원 벤치에 앉아 아침을 먹거나, 걸어가며 아침을 먹는 사람들과 역 주위에 포장마차 리어카와 플라스틱 의자 몇 개로 완성한 간이 식당까지. 공업 시대의 시작과 함께 필수 요소로 자리 잡은 대만의 아침 식사가 더욱 궁금해지는 풍경이었다.

타이베이에서 만난 이들이 추천해준 곳은 푸항또우장 Fu hang dou jiang이라는 식당이었다. 그들이 추천해주면서 내게 강조했던 말은 "오전 9시에도 재료가 소진될 수 있으니 일찍 방문하는 편이 좋을 것."이었다. 오전 5시 30분부터 영업을 시작하는 아침 식사 전문 식당, 이 자체만으로도 내게는 생소한 이야기였다. 나의 일상에서 이른 아침부터 끼니를 때울 수 있는 곳은 몇 걸음마다 쉽게 만날 수 있는 편의점이나 프랜차이즈 제과점, 맥모닝을 즐길 수 있는 맥도날드 정도였다.

MRT Shandao Temple 역으로 나오자 구글 맵을 들여다보지 않아도 가야 할 목적지가 어디인지 알 수 있었다. 푸항또우장이 위치한 화산 시장 2층 푸드 코트부터 건물 밖까지 길게 늘어선 줄은 압도적이었다. 포장한 음식을 들고나오는 사람과 아침부터 배달로 분주한 배달 대행업체 오토바이까지. 로컬 아침을 즐기러 온 여행객은 그렇다 쳐도 수많은 현지인은 다들 언제부터 이렇게 줄을 서 있었던 것인지. 대만 사람은 여유롭고 느긋하다는 풍문에 의아함이 느껴졌다.

줄이 줄어드는 데는 그리 오랜 시간이 걸리지 않았다. 아침 식사를 마친 사람들이 모두 저마다의 터전으로 떠나는 터라 회전율이 빠른 덕분이었다. 고르기 어려울 만큼 대만의 아침 메뉴가 다채롭다는 이야기는 이미 들었지만, 가게 이름에서도 볼 수 있듯 가장 기본이 베스트라는 신념으로, 또우장과 요우티아오를 주문했다. 또우장은 두유를 뜻하는데, 쉽게 말하면 따뜻하거나 차가운 두유에 튀긴 밀가루 빵을 적셔 먹는 식사였다. 주문하고 기다리는 동안 주변을 둘러보자 내가 만나고자 했던 타이베이의 아침이 눈앞에 펼쳐져 있었다.

경쾌한 소음, 빈자리에 스스럼없이 합석하는 사람들, 일상 속 소소한 대화, 식사를 마친 후의 생기 있는 얼굴. 어쩌면 대만의 사람들은 단순히 아침 식사를 하는 행위를 넘어, 함께 아침의 시간을 공유하고 하루를 시작하는 응원을 나누고 있는 것은 아닐지. 나 역시 그들 속에 섞여 따뜻한 또우장에 요우티아오를 적셔 한 입 넣었다. 자칫하면 느끼할 수 있을 법한 기름진 빵을 감싸는 고소하고 달콤한 두유의 맛. 화려한 맛도, 눈이 번쩍 뜨일 만큼 대단한 감칠맛도 아니지만, 입안을 감싸는 부드러운 식사는 전혀 부담감 없이 목으로 넘어갔다. 어느새 한 그릇을 비우고 가게를 나서자 왠지 모를 포근함이 온몸을 감싸왔다.

아침 식사를 마쳤는데도 시간은 오전 10시를 채 넘기지 않았다. 내가 얻은 건 하루를 든든하게 시작할 힘뿐만 아니라 아침의 시간을 조금 더 알차고 부지런하게 보냈다는 묘한 기쁨이었다. 현지의 아침 식사를 즐겨보는 건 남다른 경험이다. 타이베이의 아침 식사에는 그들만의 따뜻함이 스며들어 있다. 하루쯤은 로컬 식당에서 평범한 아침을 경험해보는 것도 잊을 수 없는 기억이 될 것이다. 그리 특별하지 않더라도, 잠시 잊고 지낸 따뜻함이 오래도록 곁에 남아 하루를 지탱하는 힘이 될 테니.

푸항또우장 Fu hang dou jiang

타이베이에서 진정한 호텔식 아침 식사를 만나보고 싶다면 반드시 들려봐야 할 곳. 이른 아침부터 웨이팅이 필수일 만큼 현지인과 여행객 모두에게 인기가 좋다. 콩물을 베이스로 한 또우장이 대표 메뉴지만, 같은 또우장도 종류가 다양해 골라 먹는 재미가 있다. 자극적인 맛에 익숙해진 이라면 생각보다 담담한 맛에 의아할 수 있지만, 입안을 맴도는 고소함이 자꾸만 생각나게 될 것이다.

Add No.2 Lane 108, Section 1, Zhongxiao East Road, Zhongzheng District, Taipei City
Tel +886 2 2392 2175
Open 화–일 05:30–12:30

Night

밤과 친절의 상관관계

EDITOR OH JISOO PHOTOGRAPHER LEE BAREUM

고요하고 역동적인 타이베이의 밤을 걷다

대체로 밤과 친한 편은 아니다. 어려서부터 잠이 많아. 낮잠을 자고도 무리 없이 제시간에 잠들 수 있었다. 엄마는 내가 아빠를 닮았다고 했다. "너희 아빠는 글쎄, 고3 때도 아홉 시면 코를 골았다더라." 잠도 많고 체력도 부실한 내게, 밤의 시간을 향유하는 일은 일종의 로망 같은 거였다. 겁은 또 많아서 누가 뭐라 하지 않아도 알아서 통금 시간을 지켰는데, 그럼에도 괜히 억울한 마음에 '성인이 되면 밤을 새워 놀아야지', 다짐 같은 걸 하고는 했다.

결과적으로는, 어느 정도 목적을 달성한 셈이다. 물론 스무 살을 넘겼다고 어느 순간 마법처럼 잠이 줄거나 체력이 늘지는 않았다. 밤을 샌 후 첫차를 타고 귀가 해본 적도 없다. 그래도 원하는 날에 원하는 시간만큼 자유를 누린다는 건 큰 행복이었다. 밤이라는 특수한 시간이 주는 신비로운 힘이 있다는 것을 알아차린 다음에는 말이다.

밤에는 왠지 내밀한 이야기까지 쉽게 꺼내 놓게 된다. 그러한 이유로, 친해지고 싶은 사람이 생기면 꼭 저녁 약속을 잡았다. 식사를 하고 카페에 가거나 간단히 한잔을 하는 게 기본 루트였다. 그리곤 밤공기를 맞으러 나갔다. 좋아하는 사람과 좋은 대화를 나누며 밤을 걸을 때면 뭐든 잘 될 것만 같은 기분에 사로잡히곤 했다. 머릿속을 가득 채운 막연한 희망 덕분에, 밤이면 나는 조금 더 관대하고 친절한 사람이 되었다. 몇 가지 전제 조건이 따라붙기는 했다. 주변이 시끄러워서는 안 되고, 조도는 어두워야 하며, 나름의 독자적인 분위기를 풍기는 곳이어야 했다. 저녁 식사가 훌륭했다면 확률은 높아진다.

그런 내게 브릿지산 BRIDGISAN은 더할 나위 없이 완벽한 공간이었다. 기껏해야 열 명 정도 수용할 수 있을 법한 아담한 공간에, 적당한 조명과 음악. 벽면에는 인디 밴드의 공연 포스터와 낙서에 가까운 그림들이 붙어 있는 곳. 그리고 그와 비슷한 결을 가진 사람들이 모여 앉아 음식을 먹고, 대화를 나누고 술잔을 기울이는 작은 식당이었다. 가게에 들어섰을 때, 주인인 듯 보이는 남자는 분주하게 움직이고 있었다. 서두르지는 않았다. 리소토 위에 올라가는 돼지고기를 일일이 토치로 한 번 더 구워내고, 꽃을 올려 장식을 마무리했다. 그가 음식을 대하는 방식은 주문을 하기도 전에 이곳에 대한 믿음을 주었다. 그는 다른 테이블에 정성스레 요리한 음식을 내놓은 다음에야 내게 관심을 보였다. 메뉴를 추천해줄 수 있냐고 묻자 그는 차갑지도, 그렇다고 따뜻하지도 않은 말투로 자신의 요리에 관해 설명했다. 진지하고 신중한 태도였다. 얼마간의 시간이 흘러 맛본 음식은 그런 그의 태도와 닮아 있었다.

No. 6 Taipei

나는 걷기로 했다. 브릿지산에서 조금 더 시간을 보내고 싶었지만, 다음날은 또 다른 일정이 있었고, 타이베이의 밤을 즐길 수 있는 여유는 이날이 아니면 주어지지 않을 것 같았다. 목적지는 분명했다. 타이베이의 밤을 제대로 느끼려면 야시장에 가야 한다고 했다. 다행히 멀지 않은 곳에 닝샤 야시장Ningxia Night Market이 있었다. 나는 부지런히 발걸음을 옮겼다. 타이베이의 밤은 특별할 것 없었지만 모든 것이 적절했다. 거리 위 차와 오토바이가 만들어내는 소음과 가게 안 사람들의 두런거리는 말소리까지. 대로변에는 여느 관광지와 다르지 않게 마사지 숍의 화려한 간판이 번쩍거리는데, 조금만 안쪽으로 들어가면 낮은 집들이 모여 있는 조용한 주택가가 나왔다.

야시장에 들어서는 순간 풍경은 달라졌다. 낮보다 화려한 타이베이의 밤이 그곳에 있었다. 좁은 골목을 가득 메운 사람들은 전부 즐거운 얼굴을 하고 있었다. 줄줄이 늘어선 점포마다 갖가지 간식들이 차곡차곡 쌓여 있고, 끊임없이 연기가 피어올랐다. 이미 브릿지산에서 든든히 식사를 하고 난 후였지만, 다시금 식욕이 차오르고 있었다. 한자를 모르는 탓에 어떤 재료가 들어갔는지 짐작조차 할 수 없어서 가장 무난해 보이는 것을 골랐다. 일종의 소시지 같았는데, 한 입 베어 물자 입안 가득 육즙이 터져 나왔다. 평범한 소시지는 아닌 것 같았다. 이리저리 살펴보며 소시지를 먹는 내게, 주인은 멧돼지 고기로 만든 것이라 말을 건넸다.

난생처음 경험하는 멧돼지의 맛을 되새기며 호텔을 향해 걸었다. 타이베이의 밤은 여전히 고요했고, 그 안에 묘한 역동성을 띠고 있었다. 야시장은 소란스럽기보다 활력이 넘쳤다. 그런 타이베이의 밤이 좋았다. 너무 정적이지도 그렇다고 너무 요란하지도 않은 타이베이의 밤이. 콧노래를 흥얼거리며 걷는데, 핸드폰으로 새 메일이 도착했다는 알람이 울렸다. 메일함에 들어가자 간결한 문장 몇 개가 화면에 떠올랐다.
'오늘은 정말 미안했어요. 일하는 사람이 나 혼자뿐이라, 정말 바빴습니다. 와줘서 고마워요. 좋은 밤 보내세요.'
브릿지산의 주인장이 보내온 메일이었다.

한 도시에 대한 인상을 결정하는 데에는 다양한 요인이 작용하지만, 내겐 대체로 그곳 사람들의 태도가 큰 영향을 미친다. 가게에서 나오기 전 밥값을 계산하며 건넨 명함 속 이메일 주소를 타고 온 문장들은 며칠 동안 누적된 피로를 말끔히 씻어주었다. 나는 타이베이 사람들의 더 깊은 내면을 알고 싶어졌다. 묘한 분위기를 지닌 밤의 타이베이에서. 어쩌면 이런 감상도 내게 작용하는 밤의 신비로운 힘 때문일까. 단지 밤이라서, 나는 더 관대하고 친절한 사람이 된 것일까. 아무렴 상관없었다. 몇몇 섬광 같은 기억 덕분에 타이베이의 밤이 좋아졌다. 그거면 된 거다.

©BRIDGISAN

브릿지산 **BRIDGISAN**

'다리 밑 아저씨'라는 이름의 식당. 전통적인 중국 문화에서는 다리 밑 공간을 부정적으로 바라보지만, 이곳에서만큼은 걱정을 내려놓고 편안하게 음식과 술을 즐기라는 의미를 지닌다. 대만 맥주를 비롯한 다양한 주류와 함께 대만과 태국의 음식을 기반으로 한 퓨전 요리를 맛볼 수 있다.

Add No.16, Lane 62, Xinsheng North Road, Zhongshan District, Taipei City
Tel +886 2 2567 8904
Open 14:00–01:00
Day OFF 무휴
More INFO facebook.com/bridgisan

Diary : Night

닝샤 야시장 Ningxia Night Market

열 곳이 넘는 다이베이의 야시장 중 닝샤 야시장은 다이베이에서 가장 오래된 지역 중 하나인 다통 구에 위치한 야시장으로, 고전적인 매력을 느낄 수 있는 곳이다. 규모가 큰 편은 아니지만 먹거리 위주의 야시장이라 가장 매력스러운 길거리 음식을 맛볼 수 있다.

Add Ningxia Road, Datong District, Taipei City.
Tel +886 987 456 794
Open 17:00-01:00
Day OFF 무휴

INDEX

ACME Breakfast CLUB
Add 3F, No.10, Lane 27, Chengdu Road,
Wanhua District, Taipei City
Tel +886 2 6617 0557
Open 수~월 09:00-17:00
Day OFF 화요일
More INFO acmebreakfastclub.com
@acmebreakfastclub

AFTERWORK BY ACME
Add 3F, No.10, Lane 27, Chengdu Road,
Wanhua District, Taipei City
Tel +886 966 170 009
Open 수~일 18:00-00:00, 금~토 18:00-01:00
Day OFF 월~화
More INFO acmebreakfastclub.com
@afterworkbyacme

BRIDGISAN
Add No.16, Lane 62, Xinsheng North Road,
Zhongshan District, Taipei City
Tel +886 2 2567 8904
Open 14:00-01:00
Day OFF 무휴
More INFO facebook.com/bridgisan @brídgisan

CAFE!N Hengyang Store
Add No.35, Hengyang Road 35, Zhongzheng District,
Taipei City
Tel +886 2 2382 0398
Open 월~금 07:30-19:30, 토~일 08:00-20:00
Day OFF 무휴
More INFO cafein.com.tw @cafeintw

CAFE!N Sanmindian Store
Add No.178, Section 5, Nanjing East Road,
Songshan District, Taipei City
Tel +886 2 3765 5180
Open 월~금 07:00-17:00, 토~일 08:00-18:00
Day OFF 무휴
More INFO cafein.com.tw @cafeintw

CAFE!N Wuxing Store
Add No.2, Lane 8, Wuxing Road, Xinyi District,
Taipei City
Tel +886 2 2732 3681
Open 08:00-17:00
Day OFF 무휴
More INFO cafein.com.tw @cafeintw

CAFE!N Yanji Store
Add No.250-2, Section 4, Zhongxiao East Road,
Da'an District, Taipei City
Tel +886 2 8771 3861
Open 월~목 07:30-18:30, 금 07:30-20:00, 토~일 08:00-20:00
Day OFF 무휴
More INFO cafein.com.tw @cafeintw

Cang Tian Coffee Shop 藏田咖豆專賣
Add No.91, Yongkang Road, Da'an District, Taipei City
Tel +886 2 2392 7770
Open 14:00-21:00
Day OFF 무휴

Chan Chi Hot Pot Lab
Add No.60, Section 3, Heping East Road,
Da'an District, Taipei City
Tel +886 2 2377 7799
Open 12:00-01:00
Day OFF 무휴
More INFO @chanchihotpotlab

Cha Tzu Tang
Add No.11-1, Yongkang Road, Da'an District,
Taipei City
Tel +886 2 2395 2997
Open 10:30-22:00
Day OFF 무휴
More INFO chatzutang.com @chatzutang

Cypress & Chestnut
Add No.5, Lane 148, Section 2, Fuxing South Road,
Da'an District, Taipei City
Tel +886 2 2700 8937
Open 예약제 운영
Day OFF 무휴
More INFO @cypress_chestnut

Da Chun's Soap
Add No.193, Section 1, Dihua Road, Datong District,
Taipei City
Tel +886 2 2553 3062
Open 월~금 09:00-18:00, 토~일 09:00-19:00
Day OFF 무휴
More INFO dachuns.com @dachuns1950

Darenxiaoxue 大人小學古文具
Add No.62, Lane 86, Section 2, Xinyi Road, Da'an District, Taipei City
Tel +886 922 711 979
Open 금~일 14:00-20:00
Day OFF 월~목
More INFO facebook.com/darenxiaoxue @darenxiaoxue

DAY DAY HAPPY FOOD
Add No.6, Lane 84, Section 2, Zhongshan North Road, Zhongshan District, Taipei City
Tel +886 2 2521 6482
Open 12:00-21:30
Day OFF 무휴
More INFO facebook.com/DAYDAYHAPPYFOOD @fooddaydayhappy

delicate antique
Add No.346, Jiaxing Road, Da'an District, Taipei City
Tel +886 2 8732 5321
Open 화~일 12:00-20:00
Day OFF 월요일
More INFO facebook.com/delicateantique @delicate_antique

Earthing Way
Add No.34, Minle Road, Datong District, Taipei City
Tel +886 2 2550 2270
Open 10:30-19:30
Day OFF 무휴
More INFO @earthingway

everywhere beurger club
Add No.21, Lane 420, Guangfu South Road, Da'an District, Taipei City
Tel +886 2 2704 6825
Open 화~목&일 11:30-22:00, 금~토 11:30-22:30
Day OFF 월요일
More INFO @everywheretpc

Fu hang dou jiang
Add No.2, Lane 108, Section 1, Zhongxiao East Road, Zhongzheng District, Taipei City
Tel +886 2 2392 2175
Open 화~일 05:30-12:30
Day OFF 월요일

funfuntown
Add No.2, Alley 1, Lane 359, Fujin Road, Songshan District, Taipei City
Tel +886 2 2766 5916
Open 화~일 13:00-20:00
Day OFF 월요일
More INFO funfuntown.com @funfuntown

Hermit's Hut
Add No.15, Alley 15, Lane 553, Section 4, Zhongxiao East Road, Xinyi District, Taipei City
Tel +886 2 2746 6929
Open 월~금 13:00-20:00, 토~일 11:30-20:00
Day OFF 무휴
More INFO hermits-hut.com @hermits_hut

HOSHING 1947
Add No.70, Sanshui Road, Wanhua District, Taipei City
Tel +886 2 2302 5863
Open 화~일 11:00-18:00
Day OFF 월요일
More INFO hoshing1947.com.tw

LAI HAO
Add No.11, Lane 6, Yongkang Road, Da'an District, Taipei City
Tel +886 2 3322 6136
Open 10:00-21:30
Day OFF 무휴
More INFO laihao.com.tw @laihaotaiwan

LAI HAO Xiao
Add No.30, Yongkang Road, Da'an District, Taipei City
Tel +886 2 2341 2163
Open 10:00-19:00
Day OFF 무휴
More INFO laihao.com.tw @laihaotaiwan

LAI HAO The Sound from Formosa
Add No.202, Section 2, Xinyi Road, Da'an District, Taipei City
Tel +886 2 3322 5998
Open 11:00-21:00
Day OFF 무휴
More INFO laihao.com.tw @laihaotaiwan

INDEX

moom bookshop
Add No.16, Alley 8, Lane 251, Section 3,
Zhongxiao East Road, Da'an District, Taipei City
Tel +886 2 2750 4001
Open 12:00–20:00
Day OFF 무휴
More INFO moom.cat @moom.cat

Moon Baking Studio
Add No.4, Alley 13, Lane 295, Section 1,
Fuxing South Road, Da'an District, Taipei City
Tel +886 2 2325 5251
Open 화~토 11:30–19:30
Day OFF 일~월
More INFO @_moon_baking

Misty Bookstore
Add 3F, No.302, Section 3, Roosevelt Road,
Zhongzheng District, Taipei City
Tel +886 2 2365 1586
Open 수~일 12:00–19:00
Day OFF 월~화
More INFO facebook.com/mistybookstore

nanashoushoku
Add No.25, Lane 102, Section 4, Yanping North Road,
Datong District, Taipei City
Open 월~수 08:00–14:00
Day OFF 목~일
More INFO @nanachoushoku

Ningxia Night Market
Add Ningxia Road, Datong District, Taipei City
Tel +886 987 456 794
Open 17:00–01:00
Day OFF 무휴

Not Just Library
Add No.133, Guangfu South Road, Xinyi District,
Taipei City
Tel +886 2 2745 8199
Open 화~일 10:00–18:00
Day OFF 월요일
More INFO facebook.com/TDCDesignLibrary
@notjustlibrary

O.OO RISOGRAPH & DESIGN ROOM
Add No.263, Wolong Road, Da'an District, Taipei City
Tel +886 2 2737 2827
Open 월~금 14:00–20:00
Day OFF 토~일
More INFO odotoo.com @odotoo_com

ORIGINN SPACE
Add No.247, Nanjing West Road, Datong District,
Taipei City
Tel +886 2 2558 8843
Open 1층 카페&라이프스타일 숍 12:00–19:00,
2&3층 게스트하우스 예약제
Day OFF 무휴
More INFO facebook.com/OrigInnSpace

Play Design Hotel
Add 5F, No.156-2, Taiyuan Road, Datong District,
Taipei City
Tel +886 2 2555 5930
Open 예약제 운영
More INFO stay.playdesignhotel.com @playdesignhotel

pon ding
Add No.6, Lane 53, Section 1, Zhongshan North Road,
Zhongshan District, Taipei City
Tel +886 2 2537 7281
Open 11:00–20:00
Day OFF 매월 마지막 주 월요일
More INFO pon-ding.com @pondingspace

Siu Siu 少少
Add No.152, Section 3, Zhishan Road, Shilin District,
Taipei City
Tel +886 2 2883 0280
Open 예약제 운영
More INFO siusiulab.com @siusiu.lab

TOOLS to LIVEBY
Add No.15, Lane 72, Leli Road, Da'an District, Taipei City
Tel +886 2 2739 1080
Open 화~토 12:00–21:00, 일 12:00–19:00
Day OFF 월요일
More INFO toolstoliveby.com.tw @toolstoliveby

URS 27M
Add No.27, Kaixuan Road, Shilin District, Taipei City
Tel +886 2 2861 8178
Open 목~일 11:30-17:00
Day OFF 화~수
More INFO @urs27m

VVG BB+B
Add No.20, Alley 40, Lane 181, Section 4, Zhongxiao East Road, Da'an District, Taipei City
Tel +886 2 2711 4723
Open 예약제 운영
More INFO vvg.com.tw

VVG Bistro
Add No.5, Lane 199, Liaoning Road, Zhongshan District, Taipei City
Tel +886 2 2717 2918
Open 월~토 11:30-20:00
Day OFF 일요일
More INFO vvg.com.tw

VVG Hideaway
Add No.136-1, Jingshan Road, Shilin District, Taipei City
Tel +886 2 2862 6488
Open 월~금 11:00-20:00, 토~일 11:00-21:00
Day OFF 무휴
More INFO vvg.com.tw

VVG Something
Add No.13, Alley 40, Lane 181, Section 4, Zhongxiao East Road, Da'an District, Taipei City
Tel +886 2 2773 1358
Open 화~일 12:00-21:00
Day OFF 월요일
More INFO vvg.com.tw

VVG Table
Add No.14, Alley 40, Lane 181, Section 4, Zhongxiao East Road, Da'an District, Taipei City
Tel +886 2 2711 4723
Open 화~일 12:00-15:00, 18:00-21:00
Day OFF 월요일
More INFO vvg.com.tw

VVG Thinking
Add Red Brick Liuheyuan West 3, Huashan 1914 Creative Park, No.1, Bade Road, Section 1, Bade Road, Zhong Zhen District, Taipei City
Tel +886 2 2322 5573
Open 일~목 12:00-21:00, 금~토 12:00-22:00
Day OFF 무휴
More INFO vvg.com.tw

VEGE CREEK
Add No.2, Lane 129, Yanji Road, Da'an District, Taipei City
Tel +886 2 2778 1967
Open 12:00-14:00, 17:00-21:00
Day OFF 무휴
More INFO facebook.com/VEGECREEK

Waiting Room
Add No.1, Alley 10, Lane 40, Chang'an West Road, Zhongshan District, Taipei City
Tel +886 2 2523 6937
Open 화~일 14:00-21:00
Day OFF 월요일
More INFO waitingroomtaipei.com @waitingroom_taipei

WAT
Add No.16, Section 5, Xinyi Road, Xinyi District, Taipei City
Tel +886 2 2720 5161
Open 18:00-02:00
Day OFF 무휴
More INFO @watcocktail

Wolf Tea Gallery
Add No.8, Alley 6, Lane 97, Section 4, Minsheng East Road, Songshan District, Taipei City
Tel +886 970 844 235
Open 금~토 13:00-19:00
Day OFF 일~목
More INFO wolftea.com @wolftea_select

Wolf Tea Shop
Add No.23, Alley 8, Lane 36, Section 5, Minsheng East Road, Songshan District, Taipei City
Tel +886 970 844 235
Open 13:00-19:00
Day OFF 무휴
More INFO wolftea.com @wolftea_select

MAP

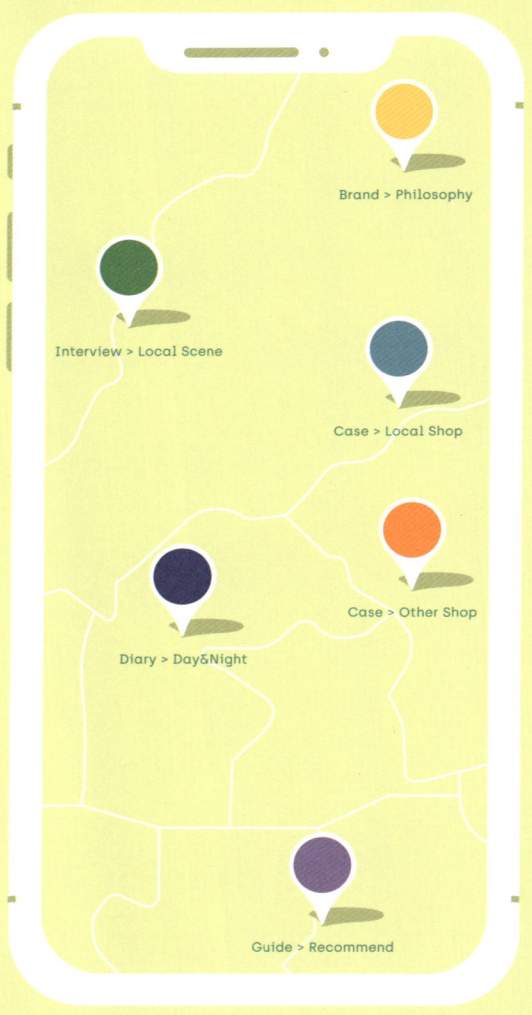

QR코드를 통해 구글 맵에 접속하시면 어반 리브 타이베이 편에 소개된 모든 장소의 실제 위치를 확인할 수 있습니다.

Bye,
Taipei.